- TOME UN -

ROMANCE DAWN – À L'AUBE D'UNE GRANDE AVENTURE

- EIICHIRO ODA -

ONE PIECE

ROMANCE DAWN – À L'AUBE D'UNE GRANDE AVENTURE

- SOMMAIRE -

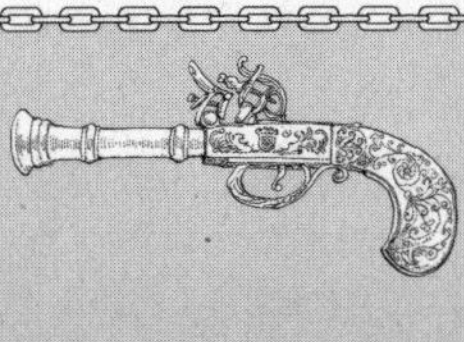

Il exista jadis un homme qui s'était procuré tout ce que ce monde pouvait offrir : richesse, renommée et pouvoir.
Son nom était Gold Roger, le "roi des pirates".
Les dernières paroles qu'il prononça avant son exécution...
poussèrent des gens des quatre coins du globe à prendre la mer.
MON TRÉSOR ? JE VOUS LE LAISSE AVEC PLAISIR...
HÉ HÉ...
DÉBROUILLEZ-VOUS POUR METTRE LA MAIN DESSUS, IL EST TOUT CE DONT UN HOMME PEUT RÊVER.
Ces quelques mots...
WAAAHHH
SCHLAC
marquèrent l'avènement de l'ère des pirates.

CHAPITRE 1

ROMANCE DAWN – À L'AUBE D'UNE GRANDE AVENTURE

Nous sommes dans un petit village maritime.
Il y a un peu plus d'un an...
un navire pirate y a jeté l'ancre.
Aujour-d'hui souffle un vent d'est.
VLAF
HÉ, LUFFY, QU'EST-CE QUE TU AS L'INTENTION DE FAIRE ?
PEUH !
Et l'atmosphère est des plus paisibles.

むきっ!
HI HII
J'EN AI ASSEZ QUE VOUS NE ME PRENIEZ JAMAIS AU SÉRIEUX ! ÇA SUFFIT !!
JE VAIS VOUS MONTRER DE QUOI JE SUIS CAPABLE !!
DAM
TA
Un garçon du village
Monkey D. Luffy
VAS-Y, NE TE GÊNE PAS, HA, HA, HA !
À TES RISQUES ET PÉRILS !
IL NOUS FAIT BIEN MARRER CE LUFFY.
TCHAF
HMPF !!
?!
QUE...
AÏÏÏÏEEE !!
QUE... QU'EST-CE QUI T'A PRIS, IMBÉCILE !?!
ÇA FAIT TROP AAAALLL !!
WOUAAAAH

SANTÉ LES GARS !!
À LA PERSÉVÉRANCE DE LUFFY.
ET AU LONG VOYAGE QUI NOUS ATTEND !!
PARTYS BAR
BUVEZ, BUVEZ TOUT VOTRE SOÛL.
À BOIRE, DONNEZ-NOUS À BOIRE !
LÂCHE ÇA ENFOIRÉ, C'EST MON MORCEAU DE VIANDE !!
LA FERME, JE SUIS EN TRAIN DE MANGER.
OH, LES IVROGNES, ÉPARGNEZ-MOI VOS BAGARRES !!
ははは
HA HA
ぎゃはははは
WOUAH HA HA
JE N'AI RIEN SENTI TOUT À L'HEURE.
ESPÈCE DE MENTEUR ! QUAND EST-CE QUE TU ARRÊTERAS TES IDIOTIES ?!
LES BLESSURES NE ME FONT PAS PEUR !! EMMENEZ-MOI AVEC VOUS LORS DE VOTRE PROCHAIN VOYAGE !!
MOI AUSSI JE VEUX DEVENIR PIRATE !!
ANCHOR

UNE DEMI-PORTION COMME TOI, DEVENIR PIRATE ?!
WOUHA HA HA HA
MAIS TU NE SAIS PAS NAGER, UNE VÉRITABLE ENCLUME ! T'EN FERAIS UN BEAU DE PIRATE !
Chef des pirates
Shanks le Roux
IL ME SUFFIRA DE NE PAS TOMBER DU BATEAU !!
EN PLUS DE ÇA, JE SUIS TRÈS FORT !
DAM
JE M'ENTRAÎNE TOUS LES JOURS.
MON POING EST AUSSI PUISSANT QU'UN PISTOLET !!

AUSSI PUISSANT QU'UN PISTOLET ?
BAH ÇA ALORS.
JE SENS QUE TU TE MOQUES DE MOI, LÀ !!
NE FAIS PAS LA TÊTE, LUFFY.
PRENDS LES CHOSES COMME ELLES VIENNENT !
C'EST TELLEMENT COOL D'ÊTRE PIRATE !
LES OCÉANS SONT SI GRANDS, SI VASTES ! ET LES AVENTURES SI NOMBREUSES !
MAIS SURTOUT, C'EST LA LIBERTÉ !!
WAAAH
はっ
ARRÊTEZ DE LUI RACONTER DES BÊTISES.
MAIS C'EST LA STRICTE VÉRITÉ, D'ABORD !!
BAH OUI !

ALLEZ, CHEF...
ON PEUT L'EMMENER RIEN QU'UNE FOIS.
OUI, JE SUIS DU MÊME AVIS.
TRÈS BIEN, LEQUEL D'ENTRE VOUS LUI CÈDE SA PLACE ?
OHHH !
D'ACCORD, ON N'EN PARLE PLUS !!
BANDE DE TRAÎTRES !!
がははははは
WOUHA HA HA
T'ES ENCORE QU'UN GAMIN, LUFFY.
ON EN DISCUTERA DANS DIX ANS.
C'EST TRÈS PETIT ÇA, SHANKS !
JE NE SUIS PAS UN GAMIN !
D'ACCORD, NE T'ÉNERVE PAS ET BOIS PLUTÔT UN JUS.
OUAIS ! MERCI !
ゴク GLOU ゴク GLOU
REGARDEZ-MOI CE GAMIN, IL EST TROP DRÔLE !!
WOUHA HA HA
ガーン BAKAM
C'EST DÉLOYAL !!

PFF, RAS-LE-BOL.
J'AI POURTANT ÉTÉ JUSQU'À ME BLESSER AU VISAGE !
LUFFY...
ESSAIE UN PEU DE TE METTRE À LA PLACE DE NOTRE CHEF.
VICE-CAPITAINE ! ME METTRE À LA PLACE DE SHANKS ?
OUI... IL EST À LA TÊTE DE TOUTE UNE BANDE DE PIRATES.
ET MÊME S'IL SAIT FORT BIE QU'ÊTRE PIRATE APPORTE SON LOT D PLAISIRS..
IL A PLUS D'UNE FOIS FAIT L'EXPÉRIENCE DE LA RIGUEUR ET DES RISQUES DU MÉTIER.
?
TU COMPRENDS ?
LOIN DE LUI L'INTENTION DE FOULER AUX PIEDS...
TA VOLONTÉ DE DEVENIR PIRATE.
JE N'EN SUIS PAS SI SÛR !
JE PENSE PLUTÔT QUE ÇA L'AMUSE DE SE MOQUER DE MOI.
ENCLUME !
VOUS VOYEZ !!
HI HI

COMME D'HABITUDE L'AMBIANCE EST À LA RIGOLADE, CAPITAINE.
OUI, JE NE ME LASSE PAS DE LE TAQUINER.
FFECTIVEMENT, ÇA L'AMUSE.
ANCHOR
Tenancière du bar
Makino
LUFFY, JE TE PRÉPARE QUELQUE CHOSE À MANGER ?
OUI, E TE REMBOURSERAI SUR MON PREMIER TRÉSOR.
SUR TON "PREMIER TRÉSOR" ?! ÇA SENT L'ARNAQUE !
NON, JE SUIS SÉRIEUX !
UNE FOIS DEVENU PIRATE, JE RÉGLERAI MA NOTE SUR LE PREMIER TRÉSOR QUE JE TROUVERAI !!
!POM
DAM
HI, HI, JE COMPTE SUR TOI, LUFFY.
HÉ, HÉ !

SHANKS.
QUOI ?
BLA BLA
わいわい
BLA BLA
がやがや
VOUS RESTEZ ENCORE COMBIEN DE TEMPS AU VILLAGE ?
C'EST VRAI QUE CELA FAIT DÉJÀ PLUS D'UN AN...
QUE NOUS Y AVONS ÉTABLI NOTRE BASE.
ENCORE DEUX OU TROIS ALLERS-RETOURS...
ET JE PENSE QUE NOUS LÈVERONS L'ANCRE VERS LE NORD.
SHRAF
TAC
HUMF
ANCHOR
PLUS QUE DEUX OU TROIS...
HUH
...
D'ICI LÀ, J'APPRENDRAI À NAGER !
TRÈS BONNE IDÉE !
JE COMPTE SUR TOI.

CRAC
!
KLAT
KLAT
BONJOUR TOUT LE MONDE.
HO, HO, VOILÀ DONC NOTRE BANDE DE PIRATES...
C'EST LA PREMIÈRE FOIS QUE JE VOIS UNE SI BELLE BROCHETTE D'IDIOTS.
?
!
...
FWOOO

NOUS SOMMES DES BRIGANDS.
CE QUI NE SIGNIFIE PAS POUR AUTANT QUE NOUS SOYONS VENUS SEMER LA ZIZANIE DANS VOTRE BAR. NOUS AVONS JUSTE BESOIN DE DIX TONNEAUX D'ALCOOL.
Chef des brigands Higuma
DAM
JE SUIS DÉSOLÉE MAIS MALHEU-REUSE-MENT...
JE VIENS JUSTE DE SERVIR MES DERNIÈRES BOUTEILLES.
AH BON ?
BIZARRE, JE VOIS POURTANT NOS CHERS PIRATES LE VERRE À LA MAIN.
ILS BOIRAIENT DE L'EAU ?
JE VIENS DE VOUS LE DIRE...
JE LEUR AI VENDU TOUT CE QUE J'AVAIS.

C'EST VRAIMENT PAS DE BOL.
ON DIRAIT QUE NOUS AVONS BU JUSQU'À LA DERNIÈRE GOUTTE D'ALCOOL.
DÉSOLÉ.
PRENEZ CETTE BOUTEILLE SI VOUS VOULEZ.
JE NE L'AI PAS ENCORE OUVERTE.
...
!
KLING
SPLASH
?!!

TU SAIS QUI J'SUIS ENFOIRÉ ?
N'ESSAIE PAS DE T
FOUTRE D
MOI...
OSER CROIRE QU'UNE SEULE BOUTEILLE ASSOUVIRA MA SOIF...
PLOC ポタ
PLOC ポタ
AH LÀ LÀ !
LE PLANCHER EST TOUT TREMPÉ.
PLISH
WANTED
8,000,000
REGARDE ÇA.
MA TÊTE VAUT HUIT MILLIONS DE BERRYS.
CONSIDÈRE-MOI COMME UN INVITÉ DE MARQUE.
DES INSOLENTS DANS TON GENRE...
J'EN AI DÉJÀ TUÉ 56.
SURVEILLE TES PAROLES LA PROCHAINE FOIS.
MÊME SI PIRATES ET BRIGANDS NE SERONT PAS AMENÉS À SE RENCONTRER DE SI TÔT.
CLING

TOUT EST DE MA FAUTE, MAKINO.
VOUS AVEZ UNE SERPILLIÈRE ?
NON...
CE N'EST PAS LA PEINE.
FWOO
...
!
!!!
SHKLING
PUISQU'ON DIRAIT QUE TU AIMES FAIRE LE MÉNAGE...
LAISSE-MOI TE DONNER UN PEU DE TRAVAIL !!
TSS !

SALUT...
LES MAUVIETTES.
ÇA NE SERT À RIEN DE S'ATTARDER S'IL N'Y A RIEN À BOIRE.
ALLONS VOIR AILLEURS.
PFIOU !
ÇA VA CAPITAINE ?!
VOUS N'ÊTES PAS BLESSÉ ?
ÇA VA, MERCI.
BOUAH, HA, HA, VOUS AURIEZ DÛ VOIR VOTRE TÊTE, CHEF !!
WOUHA HA HA HA
ぎゃははははは
LA RACLÉE QU'IL VOUS A MISE !!
PARTYS BAR

HA HA HA HA !!
VOUS CROYEZ QUE C'EST LE MOMENT DE RIGOLER !?!
HUM ?
VOUS ÉTIEZ RIDICULE, POURQUOI VOUS NE LUI AVEZ PAS TENU TÊTE !?!
ILS AVAIENT BEAU ÊTRE NOMBREUX ET COSTAUDS, CE N'EST PAS UNE RAISON POUR SE FAIRE HUMILIER ! C'EST ÇA LES PIRATES ?!
...
JE COMPRENDS CE QUE TU RESSENS, LUFFY.
MAIS CE N'EST PAS LA PEINE DE S'ÉNERVER POUR UN PEU D'ALCOOL RENVERSÉ, SI ?
ATTENDS UNE SECONDE ...
NE ME TOUCHE PAS, LA LÂCHETÉ EST UNE MALADIE CONTAGIEUSE !
STAP STAP
GWIP

??!!
ぶうー PROUTCH !!
HEIN ?
QUE...
びよーん!! BOIIING
SON BRAS S'EST ALLONGÉ !!
QU'EST-CE QUE...
NON, TU N'AS PAS...
!!
QU'EST-CE QUI M'ARRIIIVE !!
WAAAHHH
IL N'EST PLUS LÀ !!
QUOI ?!
LE FRUIT DU GUM GUM DONT NOUS VENIONS DE NOUS EMPARER, IL N'EST PLUS LÀ !!
LUFFY, NE ME DIS PAS QUE TU AS MANGÉ CE FRUIT ?!
!
EUH... SI, POUR LE DESSERT...
D'AILLEURS CE N'ÉTAIT PAS TRÈS BON...

IL S'AGIT DU FRUIT DU GUM GUM, LUFFY !
UN TRÉSOR MARIN APPELÉ AUSSI "FRUIT DU DÉMON" !!
!
CELUI QUI LE MANGE VOIT SON CORPS DEVENIR ÉLASTIQUE, COMME DU CAOUTCHOUC ! MAIS EN CONTREPARTIE IL DEVIENT INCAPABLE DE NAGER, ET CELA POUR TOUTE SA VIE !!
HEIIIN ! QUOIII ?? COMMENT ÇA !?!
ESPÈCE D'IDIOT !!
MEUH
TAP TAP TAP
たったったっ
Chez le poissonnier
UO
HÉ, HÉ !
BONJOUR LE POISSONNIER !!
DU POISSON S'IL TE PLAÎT !!
DAAM

TU ES DE BONNE HUMEUR CES DERNIERS TEMPS, LUFFY.
POURTANT JE CROIS SAVOIR QU'AUJOURD'HUI AUSSI TES AMIS LES PIRATES SONT SORTIS EN MER SANS TOI ?
OUI, ET EN PLUS DE CELA JE NE POURRAI JAMAIS APPRENDRE À NAGER.
MAIS PEU IMPORTE, IL ME SUFFIRA D'ÊTRE UN PIRATE QUI NE TOMBE JAMAIS DU BATEAU !
JE SUIS BIEN PLUS CONTENT D'AVOIR MANGÉ LE FRUIT DU GUM GUM...
BOING びよん びよん BOING
MON CORPS EST DÉSORMAIS DEVENU TOTALEMENT ÉLASTIQUE, REGARDE !
ET ALORS ? TOUT LE VILLAGE A BEAU TROUVER ÇA TRÈS AMUSANT...
EN QUOI CE CORPS EN CAOUTCHOUC VA-T-IL NOUS ÊTRE UTILE !?!
MONSIEUR LE MAIRE !
DAM
JE ME RÉPÈTE LUFFY, MAIS JE ME REFUSE À TE LAISSER DEVENIR PIRATE !!
TU SERAS LA HONTE DU VILLAGE !!
JE CROIS QUE LEUR CAPITAINE L'A AUSSI TRÈS BIEN COMPRIS, NE T'APPROCHE PLUS JAMAIS D'EUX !!
ガミ GRR ガミ GRR ガミ GRR ガミ GRR

PARTYS BAR
CELA FAIT DÉJÀ UN BOUT DE TEMPS QUE LE CAPITAINE ET SES HOMMES SONT PARTIS.
TU NE COMMENCES PAS À TE SENTIR UN PEU SEUL ?
PAS DU TOUT ! JE NE LEUR AI PAS ENCORE PARDONNÉ L'AFFAIRE DES BRIGANDS !
JE ME DEMANDE COMMENT J'AI PU LES SURESTIMER AUTANT !
JE PENSAIS QUE DES PIRATES AURAIENT BIEN PLUS DE CLASSE.
QUELLE DÉCEPTION...
ゴロ ROULE
ゴロ ROULE
AH BON ? MOI JE TROUVE ÇA PLUTÔT COURAGEUX...
DE POUVOIR CONTINUER DE RIRE DANS UNE TELLE SITUATION.
TU NE PEUX PAS COMPRENDRE, MAKINO.
IL EST DES MOMENTS OÙ LES HOMMES DOIVENT AGIR COMME DES HOMMES !!
EN EFFET, JE NE PEUX PAS COMPRENDRE.
OUI, C'EST CE QUE JE DIS.
?
BIEN LE BONJOUR.

!!
AH...
BADAM
NOS AMIS LES PIRATES NE SONT PAS LÀ AUJOURD'HUI. ÇA FAIT DU BIEN, UN PEU DE CALME...
COMME ON PASSAIT DANS LE COIN, ON EST VENUS VOUS RENDRE VISITE.
TOI LÀ-BAS, TU RÊVES OU QUOI ?
WOOO
!
NOUS SOMMES DES CLIENTS !!
BAM
DONNE-NOUS À BOIRE !!

VLAM
!
MONSIEUR LE MAIRE ! IL EST ARRIVÉ QUELQUE CHOSE DE GRAVE !!
QU'EST-CE QU'IL Y A MAKINO ?
CALME-TOI.
C'EST LUFFY !!
LES BRIGANDS, ILS L'ONT...
QUEL DRÔLE DE CORPS.
ON A BEAU LE COGNER DE TOUS LES CÔTÉS, ON DIRAIT QUE ÇA NE LUI FAIT RIEN.
PARTYS BAR
...
DÉ... DÉPÊCHE-TOI D'ALLER LUI DONNER UN COUP DE MAIN !!
MAIS... TU AS VU SES ADVERSAIRES ? JE VAIS ME FAIRE TUER !
EN PLUS DE ÇA, C'EST LUI QUI LES A PROVOQUÉS !

NOM D'UN CHIEN !!
EXCUSEZ-VOUS SUR-LE-CHAMP !!
FWOSH
ENFOIRÉ !!
UN HOMME ÉLASTIQUE, TIENS DONC...
ON TROUVE VRAIMENT DE TOUT DANS LE COIN.
GWIP
!
BABAM
OUCH !!
ET MERDE !!
NOUS AVONS DÉCOUVERT UNE NOUVELLE ESPÈCE VIVANTE...
TU VAS ME LE PAYER !!
ON POURRAIT LE REFOURGUER À DES FORAINS.
JE CROIS QU'ON SE FERAIT UN PAQUET D'ARGENT.

YAAAAHHH!!
YAAA
TU DEVIENS COLLANT...
!
GAMIN.
T'ES VENU NOUS CHERCHER DES NOISES ALORS QU'ON CAUSAIT TRANQUIL-LEMENT AUTOUR D'UN VERRE...
CERTAINS DE MES PROPOS T'AURAIENT VEXÉ ?
ZOOM
!!
EXACTE-MENT !!
EXCUSE-TOI, ENFOIRÉÉÉ !!

BON DIEU, LUFFY.
QU'EST-CE QU'IL LUI A PRIS DE PROVOQUER CES TYPES !
VIRE TES JAMBES DE MA TÊTE !!
BRIGAND DE MES DEUX !!
LAISSEZ CET ENFANT TRANQUILLE !
JE VOUS EN PRIE !
!
JE NE SAIS PAS CE QU'A BIEN PU VOUS FAIRE LUFFY...
MAIS NOUS N'AVONS PAS L'INTENTION DE NOUS BATTRE.
TCHAC
がばっ
JE PAIERAI LA SOMME QUE VOUS ME DEMANDEREZ !!
JE VOUS EN PRIE, LAISSEZ-LUI LA VIE SAUVE !
!
MONSIEUR LE MAIRE.
VOILÀ UNE RÉACTION DIGNE D'UN VIEILLARD.
SAGESSE ET BÉNÉFICE DE L'ÂGE, VOUS SAVEZ COMMENT LES CHOSES FONCTIONNENT.

CEPENDANT VOTRE TENTATIVE EST VAINE !
IL A COMMIS LA GRAVE ERREUR DE ME METTRE EN COLÈRE.
PLUS RIEN NE PEUT LE SAUVER.
SPAF
SPAF
RIEN NE POUVAIT PLUS M'IRRITER...
QU'UN GOSSE EN CAOUTCHOUC QUI TENTE DE ME TENIR TÊTE !!
...
TOUT EST DE TA FAUTE !
FACE DE MACAQUE !!
FINALEMENT JE RENONCE À LE VENDRE.
JE PRÉFÈRE LE TUER SUR PLACE.
TCHAF
!
LUFFY !!
S'IL VOUS PLAÎT ! DONNEZ-LUI UNE CHANCE, JUSTE POUR CETTE FOIS !!
PERSONNE SUR LE PORT POUR VENIR NOUS ACCUEILLIR...
JE COMMENÇAIS À ME POSER DES QUESTIONS.
!

DAM
CE NE SERAIENT PAS LES BRIGANDS DE L'AUTRE JOUR ?
CAPI-TAINE !
LUFFY, TU NE M'AVAIS PAS DIT QUE TON POING ÉTAIT AUSSI PUISSANT QU'UN PISTOLET ?
...
LA FERME !!
JE NE SAIS PAS CE QUE VOUS ÊTES VENUS FAIRE ICI MAIS JE VOUS CONSEILLE DE TRACER AVANT QU'ON VOUS AMOCHE.
UN PAS DE PLUS ET JE VOUS ARROSE, MAUVIETTES.
...
NOS AMIS LES PIRATES... MOI QUI CROYAIS QUE VOUS AVIEZ QUITTÉ LE VILLAGE.
VOUS FINISSIEZ PEUT-ÊTRE DE PASSER LA SERPILLIÈRE ?

TCHAC...
T'ENTENDS PAS CE QU'ON TE DIT ?! UN PAS DE PLUS ET...
JE T'ÉCLATE LA CERVELLE, HA, HA, HA !!
SAP
HA, HA, HA !!
SI TU BRAQUES TON PISTOLET SUR QUELQU'UN ...
SOIS PRÊT À RISQUER TA VIE.
HEIN ?! QU'EST-CE QUE TU RACONTES ?
JE T'EXPLIQUE QUE CE N'EST PAS UN JEU...
BAM
!

SCHLAF
!!
QUE...
...
!
T'AS... T'AS OSÉ TIRER, SALAUD !
QUEL-LE...
QUELLE BANDE DE LÂCHES !!
BANDE DE LÂCHES ?
VOUS PLAISANTEZ J'ESPÈRE.
VOUS NOUS PRENEZ POUR DES ENFANTS DE CHOEUR ?

NOUS SOMMES...
DES PIRATES.
TA GUEULE ! ON VOUS A RIEN DEMANDÉ !
ÉCOUTEZ-MOI BIEN.
PASSE ENCORE QUE L'ON ME VERSE DE LA NOURRITURE ET DE L'ALCOOL SUR LA TÊTE.
JE PEUX AUSSI FERMER LES YEUX SUR LE FAIT...
QUE L'ON ME CRACHE À LA FIGURE.
MAIS SOUS AUCUN PRÉTEXTE...
JE NE PARDONNERAI À CEUX QUI S'EN PRENNENT À MES AMIS !!

SHANKS ...
HA, HA, HA !
NOUS PAR-DONNER ?!
UNE BANDE DE VAURIENS QUI PASSE SON TEMPS À ÉCUMER LES MERS...
TENTER DE S'OPPOSER À DES BRIGANDS ? VOUS ME FAITES BIEN RIRE !!
ÉCLATEZ-MOI CES TYPES !!
WAAAHHH !!
À L'ATTAAAQUE !!
YAAAA
LAISSE-MOI FAIRE.
JE M'EN OCCUPE.

PSCHHH !
!
WOUAAAH !!
SAT
YAAAAAHH !!
CLANG
CLING

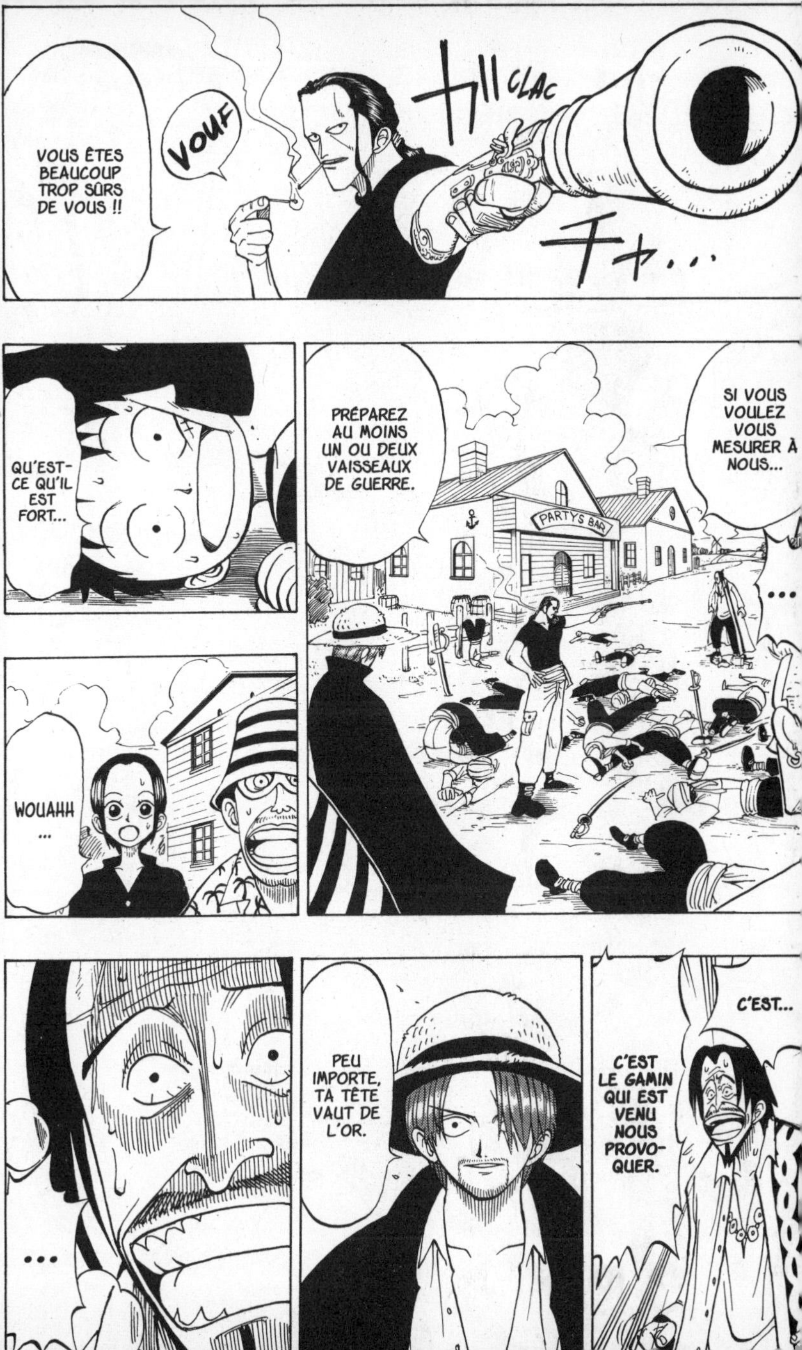
CLAC
VOUF
VOUS ÊTES BEAUCOUP TROP SÛRS DE VOUS !!
SI VOUS VOULEZ VOUS MESURER À NOUS...
...
PARTYS BAR
PRÉPAREZ AU MOINS UN OU DEUX VAISSEAUX DE GUERRE.
QU'EST-CE QU'IL EST FORT...
WOUAHH ...
C'EST...
C'EST LE GAMIN QUI EST VENU NOUS PROVOQUER.
PEU IMPORTE, TA TÊTE VAUT DE L'OR.
...

HRR !
VOUF
?!
UN ÉCRAN DE FUMÉE !!
AMÈNE-TOI LE MIOCHE !!
NOOON ! LÂCHE-MOI !!
LUFFY !!
IL A DÉJOUÉ NOTRE VIGILANCE ET EMMENÉ LUFFY AVEC LUI ! QU'EST-CE QU'ON VA FAIRE ?!
GARDEZ VOTRE SANG-FROID CAPITAINE. SI ON S'Y MET TOUS, ON VA LE RETROUVER EN UN RIEN DE TEMPS !!
C'EST BIEN LUI...
SACRÉ HANKS...

HA, HA,
HA, HA !!
JE LES
AI EUS EN
BEAUTÉ !
ILS NE
S'IMAGINERONT
JAMAIS QUE
J'AI FUI EN
MER !
BON,
JE T'AVAIS
PRIS COMME
OTAGE AU
CAS OÙ...
MAIS JE
N'AI PLUS
BESOIN
DE TOI.
JE T'AI DIT
QUE J'AVAIS
BUTÉ LES
56 TYPES
QUI M'ONT
MIS EN
COLÈRE ?
!!
PRENDS
ÇA !!
FUIP
VLAF
PFF...
ADIEU...
PAF
!!

ET MERDE !
MERDE !!
GAMIN.
JE NE SUIS MÊME PAS PARVENU...
À METTRE UN SEUL COUP À CES ORDURES !!
...
QUEL NUL !!
“HA, HA, HA !”
“VOUS AVEZ VU LA TÊTE DE CES PIRATES L'AUTRE JOUR ?”
WA HA HA
“LEUR CHEF LA TÊTE PLEINE D'ALCOOL QUI NE BRONCHAIT PAS !!
ILS ÉTAIENT PITOYABLES ! HA, HA, HA !!”
MOI, LES MAUVIETTES DANS LEUR GENRE...
ELLES ME DONNENT ENVIE DE GERBER.
ET ENCORE PLUS ENVIE DE LES TUER.
C'EST ÇA LES PIRATES, QUE DE LA GUEULE !
TAISEZ-VOUS !!
QUOI ?
ARRÊTEZ DE VOUS MOQUER DE SHANKS ET SON ÉQUIPAGE, CE NE SONT PAS DES MAUVIETTES !!
LUFFY, ARRÊTE !
NE VOUS MOQUEZ PLUS JAMAIS D'EUX !!

ドザーン!!
PLOUF
HAI
HAI
HAI
HAI
HAI
HAI
HAI
HA !!
バシャ
PLASH
BLOUB...
GLOUB...
バシャ!!
PLASH
BLP...
?!!
A...
BROOAAARR...
ザバ
SPLOTCH
HEIN ?
C'EST QUOI CE MONSTRE !?!
AAAHHHH!!
バキ バキ
TCHOC
CRAC
GLOUP

TAC
OUAHHH !! GLOU... GLOU...
PLASH
À... À L'AAAIIIDE !!
PLASH
WOUUAAAAH!!
GROOAR
TCHING
SHANKS !!

GRR
DISPARAIS.
TILT
GLA GLA
!!
BRR
GLA GLA
BRR BRR
FLOTCH
..!!

MERCI, LUFFY.
MAKINO M'A TOUT RACONTÉ.
SNIF ...
SNIF ...
ELLE M'A DIT QUE TU T'ÉTAIS BATTU POUR NOUS.
ALLEZ, ARRÊTE DE PLEURER, TU ES UN HOMME NON ?
MAIS ...
SNIF
SNIF
SHANKS !!
TON BRAS !!
BATSH

JUSTE UN BRAS...
CE N'EST PAS CHER PAYÉ...
POUR TE VOIR SAIN ET SAUF.
GUEU... SNIF... SNIF !!
OUUUIIIINNN !!
うわああああああああああ
WAH AAAHHH
Ce jour-là, Luffy avait saisi les raisons pour lesquelles Shanks refusait de l'emmener en mer.
L'impitoyable cruauté de cette dernière ...
et son manque criant d'expérience.
Mais il avait surtout compris à quel point Shanks était un grand homme...
et s'était juré qu'un jour, il deviendrait comme lui.

QUOI ? C'EST VRAI QUE VOUS PARTEZ DÉFINITIVEMENT ?!
OUI.
APRÈS UN LONG SÉJOUR ICI, L'HEURE EST VENUE DE SE DIRE ADIEU.
JE AIS TE AN- UER, EIN ?
OUI, MAIS BON...
JE NE TE DEMANDERAI PLUS DE M'EMMENER AVEC VOUS.
J'AI DÉCIDÉ DE DEVENIR PIRATE PAR MOI-MÊME.
PARCE QUE TU CROIS QUE JE T'AURAIS PRIS DANS MON ÉQUIPAGE ?!
BOUH !
T'ES RAIMENT SÛR QUE TOI, TU EVIENDRAS IRATE UN JOUR ?!
SÛR ET CERTAIN !!
JE VAIS RÉUNIR UN ÉQUIPAGE AUSSI FORT QUE LE TIEN !!
ETTRE LA MAIN SUR LE PLUS PRÉCIEUX DES RÉSORS...

ET DEVENIR LE ROI DES PIRATES !!
OH ! TU AS L'INTENTION DE NOUS SURPASSER.
...
DANS CE CAS...
JE TE CONFIE...
FLAF
MON CHAPEAU.
!

J'Y TIENS BEAUCOUP.
...
JE COMPTE SUR TOI POUR ME LE RENDRE UN JOUR.
QUAND TU SERAS DEVENU UN PIRATE DIGNE DE CE NOM, LUFFY.
CE GAMIN PROMET.
OUAIS !
IL ME RAPPELLE MOI PETIT.
LEVEZ L'ANCRE !!
WOOHHHH
HISSEZ LES VOILES !! LARGUEZ LES AMARRES !!
L'aventure de notre jeune héros...
commence dix ans plus tard, au même endroit.

DAM
Dix ans plus tard
IL EST FINALEMENT PARTI, MONSIEUR LE MAIRE.
IL VA NOUS MANQUER.
UN PIRATE, QUELLE HONTE POUR NOTRE VILLAGE !
IL A TENU PAROLE LE GAMIN !
CRI
CRI
HAAA...
C'EST UNE JOURNÉE IDÉALE POUR LEVER L'ANCRE.

BROAAARR !!
SPLOF
OHH...
VOILÀ LE MAÎTRE DES LIEUX !
TU TOMBES PLUTÔT MAL.
PRÉPARE-TOI À GOÛTER UNE TECHNIQUE QUE JE PERFECTIONNE DEPUIS DIX ANS !!
GROOOOAR
GUM GUM...

BING
BULLET !!

TCHAK
FLOTCH
ザッパァー
HÉ HÉ !
ALORS POISCAILLE, QU'EST-CE QUE T'EN DIS ?
FLAP ぐる
FLAP ぐる
BIEN.
IL ME FAUT D'ABORD RÉUNIR U ÉQUIPAGE
DIX MEMBRES, CE SERAIT PARFAIT.
ET ENSUITE TROUVER UN PAVILLON PIRATE !

C'EST PARTI !!
LE ROI DES PIRATES...
CE SERA MOI !!
TADAM
Ainsi, le petit bateau duquel Luffy était encore l'unique passager prenait enfin la mer.
C'était pour lui le début d'un long, très long voyage !!

ONEPIECE
LE CAPITAINE
SHANKS LE ROUX
LE VICE-CAPITAINE
LUFFY
ANCHOR

CHAPITRE 2 : LUFFY, L'HOMME AU CHAPEAU DE PAILLE

WAAM
GROOOMM
FINIR EMPORTÉ PAR CET IMMENSE TOURBILLON...
J'AVAIS NÉGLIGÉ CETTE HYPOTHÈSE.
PERSONNE POUR ME VENIR EN AIDE.
SI SEULEMENT JE SAVAIS NAGER...
GWOO
GROOOM
J'AURAIS PEUT-ÊTRE PU M'EN SORTIR.
GWOO
AH, MAIS NON, QU'EST-CE QUE JE RACONTE ! FACE À UN TOURBILLON COMME CELUI-CI, CE SERAIT INUTILE.
TOUT À FAIT INUTILE.
GWOOO
WAAHH !!
SPLASH
GLOUB
GROOOM
GROOOM

CHAPITRE 2

LUFFY, L'HOMME AU CHAPEAU DE PAILLE

Aux abords d'une île
VLAF
SCHH
IL RESTE DE LA POUSSIÈRE...
EX... EXCUSEZ-MOI LADY ALVIDA !!
J'ÉTAIS PERSUADÉ D'AVOIR NETTOYÉ LE BATEAU DE FOND EN COMBLE !!
JE... JE VAIS TOUT REPRENDRE DEPUIS LE DÉBUT !! MAIS... JE VOUS EN PRIE...
MAIS... QUOI ?

PAS LA MASSUE !
NON, JE NE VEUX PAS MOURIR !!
BIM
!!
KOBBY, QUI EST LA PLUS BELLE FEMME DE L'OCÉAN ?
EUH... ÉVIDEMMENT...
C'EST VOUS LA PLUS BELLE, LADY ALVIDA.
SCHLAF
GWOOO
OUI ! C'EST POUR CETTE RAISON QUE JE DÉTESTE LA SALETÉ !!
LE NAVIRE D'UNE BEAUTÉ TELLE QUE MOI SE DOIT D'ÊTRE IMPECCABLE !! TU NE CROIS PAS ?
J'IGNORE POURQUOI TU T'Y CONNAIS SI BIEN EN NAVIGATION, MAIS C'EST LA SEULE RAISON QUI ME POUSSE À TE GARDER EN VIE.
ME... MERCI BEAUCOUP.
BRR
BRR
CEPENDANT TU N'AS STRICTEMENT AUCUNE AUTRE COMPÉTENCE, ALORS FAIS BRILLER MES CHAUSSURES !!
OUI... TOUT DE SUITE !
STOC
STOC
HIC

FROTTEZ, MISÉRABLES ! JE NE VEUX PLUS VOIR UN SEUL GRAIN DE POUSSIÈRE !!
À... À VOS ORDRES !
ET TOI, DÉBARRASSE-MOI LE PLANCHER, BON À RIEN !!
DAM
STOC
OUCH !
Femme pirate
Alvida la massue
EXC... EXCUSEZ-MOI.
VA DONC NETTOYER LES TOILETTES AU LIEU DE TE CONFONDRE EN EXCUSES !!
D'ACCORD.
À VOS ORDRES, LADY ALVIDA !

...
TOUT DE SUITE...
SNIF
じゅん...
COMMENT, KOBBY ? UN TONNEAU À VIN A ÉCHOUÉ SUR LA CÔTE ?
OUI. JE CROIS QU'IL EST ENCORE PLEIN ET JE NE SAIS PAS QUOI EN FAIRE...
ゴロ...
SNIF
LAISSE-LE ICI, ON VA S'EN OCCUPER !!
MAIS LES GARS, SI JAMAIS LA CHEF L'APPRENAIT...
ELLE N'EN SAURA RIEN !
IL N'Y A QUE NOUS TROIS ET LE PETIT KOBBY...
QUI SOMMES AU COURANT.
TU AS RAISON.
TU VOIS CE QUE JE VEUX DIRE, KOBBY...
OUI... BIEN SÛR... JE N'AI ABSOLUMENT RIEN VU, HÉ, HÉ...
ギロ
TAC
S'IL VOUS PLAÎT... NE ME FRAPPEZ PAS...

OUAHHH !!
C'EST QUOI CE TRUC !
QU'EST-CE QUE J'AI BIEN DORMI !!
CRAAC
WAAHH !
ON DIRAIT QUE JE M'EN SUIS SORTI VIVANT.
J'AI POURTANT CRU QUE J'ALLAIS Y PASSER TELLEMENT J'AVAIS LE TOURNIS, HA, HA, HA, HA !!
BADAM

SCHHH
...
...
HEIN ?
VOUS ÊTES QUI, VOUS ?
C'EST À NOUS DE TE POSER LA QUESTION !!
QU'EST-CE QUI AMÈNE UN HUMAIN À SURGIR D'UN TONNEAU ?!
BANDE DE TIRE-AU-FLANC !!
FU!!
FU!!
ARGH !
BADOOM
HMPF !!
!!

KLAT
ガサッ
WAHHH !!
BOM
ガーンッ
OUCH !
プス
SHFF...
...
プス
SHFF...
DITES-MOI QUI EST LA PLUS BELLE FEMME DE L'OCÉAN, JE VOUS ÉCOUTE ?
C'EST VOUS LADY ALVIDA ! LA SEULE ET L'UNIQUE !!
ズオーン
FWOOO
TOUT À FAIT. VOUS AVIEZ CEPENDANT L'INTEN-TION DE DÉSOBÉIR À MES ORDRES ?
?
VOUS... VOUS DÉSOBÉIR ? JAMAIS DE LA VIE !!
NE FAITES PAS LES IGNORANTS ! JE VOUS AI ENTENDUS JUSQUE SUR LE BATEAU !!
QUEL EST CELUI QUI A CRIÉ QU'IL AVAIT BIEN DORMI !!
OUAHHH !!
どーん
BADAM
QU'EST-CE QUE J'AI BIEN DORMI !!
AH !

CA... CAPITAINE ! C'EST UN INTRUS !
OUI ! KOBBY A AMENÉ AVEC LUI UN TYPE PAS CLAIR DU TOUT !!
QUOI ? ON EN VOUDRAIT À MA VIE ?
IL AURAIT ENGAGÉ UN CHASSEUR DE PRIMES ?!
CETTE CRAPULE DE KOBBY, IL A OSÉ ME TRAHIR !!
LE SEUL CHASSEUR DE PRIMES RÉPUTÉ DES ENVIRONS...
TU N'Y PENSES PAS ! J'AI ENTENDU DIRE QUE LA MARINE AVAIT MIS LA MAIN DESSUS !!
SI ON PENSE AU MÊME HOMME, IL S'EST SÛREMENT DÉJÀ ENFUI.
L'ILLUSTRE RORONOA ZORO !!
EUH... ÇA VA ? VOUS N'ÊTES PAS BLESSÉ ?
VOUS AVEZ FAIT UN SACRÉ VOL.
HA, HA, HA !
ÇA VA, MERCI. J'AI JUSTE ÉTÉ UN PEU SURPRIS.
MOI C'EST LUFFY, ON EST OÙ ICI ?

CE BORD DE MER CONSTITUE LE REPAIRE DES PIRATES SOUS LES ORDRES D'"ALVIDA LA MASSUE".
MOI JE SUIS L'HOMME À TOUT FAIRE DU NAVIRE.
Homme à tout faire Kobby
AH BON, JE VOIS.
JE TE POSE LA QUESTION MAIS EN FAIT JE M'EN FICHE UN PEU.
AH...
TU N'AURAIS PAS UNE BARQUE... LA MIENNE S'EST FAIT ENGLOUTIR PAR UN TOURBILLON.
UN... UN TOURBILLON ?! VOUS AVEZ ÉTÉ PRIS DANS UN TOURBILLON ?!
OUI, JE NE M'Y ATTENDAIS VRAIMENT PAS.
PFF
VOUS DEVRIEZ ÊTRE MORT...
POUR CE QUI EST DE LA BARQUE J'EN AI UNE, MAIS...
C'EST QUOI CE MACHIN ?
ボローーン
TADAM
UN CERCUEIL ?
ÇA SE VOIT, C'EST UN BATEAU... CELA M'A PRIS DEUX ANS POUR LE FABRIQUER !
DEUX ANS ? ET TU N'EN VEUX PLUS ?

NON... JE L'AI FABRIQUÉ DANS LE BUT DE M'ÉCHAPPER D'ICI UN JOUR...
OR LE COURAGE ME MANQUE, JE SUIS VOUÉ À DEMEURER MA VIE ENTIÈRE UN HOMME À TOUT FAIRE.
MÊME SI... EN VÉRITÉ J'AI UN RÊVE.
DANS CE CAS TU N'AS QU'À FUIR.
NON, C'EST IMPOSSIBLE, IM-POS-SI-BLE ! JE SUIS PARALYSÉ RIEN QU'À L'IDÉE DE ME FAIRE ATTRAPER PAR LADY ALVIDA !!
NON NON NON NON
NON NON NON NON
J'AI BEAUCOUP TROP PEUR...
MON DESTIN S'EST RETROUVÉ SCELLÉ UN JOUR OÙ J'ÉTAIS PARTI À LA PÊCHE.
JE ME SUIS TROMPÉ DE BATEAU ET SUIS MONTÉ SUR CELUI DE PIRATES !!
ズゥーーン
FWOOO
AARGH
DEUX ANS ONT PASSÉ DEPUIS, ILS ME LAISSENT EN VIE UNIQUEMENT EN ÉCHANGE DE MES SERVICES DE NAVIGATEUR ET D'HOMME À TOUT FAIRE.
GASP
MAIS T'ES COMPLÈTEMENT STUPIDE !
ET EN PLUS DE ÇA T'ES UN VRAI DÉGONFLÉ, QUEL NAZE !
HÉ... HÉ, HÉ...
ず HÉÉÉ ん
QUELLE FRANCHISE
はっはっは HA HA HA
MAIS VOUS N'AVEZ PAS TORT... SI SEULEMENT J'AVAIS MOI AUSSI LE COURAGE DE SILLONNER LES OCÉANS DANS UN TONNEAU...
QU'EST-CE QUI VOUS A POUSSÉ À VOULOIR AUTANT PRENDRE LE LARGE ?

MOI...
JE VAIS DEVENIR LE ROI DES PIRATES !!
HÉ HÉ
LE... LE... LE ROI DES PIRATES ?!
CELUI QUI POSSÈDE TOUS LES TRÉSORS DU MONDE !?!
ÇA SIGNIFIE QUE VOUS ÊTES À LA RECHERCHE DU "ONE PIECE"...
LE TRÉSOR ULTIME GAGE DE RICHESSE, DE RENOMMÉE ET DE POUVOIR !!

LES PIRATES DU MONDE ENTIER COURENT APRÈS CE TRÉSOR !
MAIS VOUS ALLEZ Y RESTER !!
MOI AUSSI.
NON NON NON
JAMAIS... JAMAIS VOUS N'Y ARRIVEREZ !!
VOULOIR ATTEINDRE LE SOMMET DE LA PYRAMIDE À L'ÈRE DES PIRATES...
C'EST IMPOSSIBLE, VOUS M'ENTENDEZ ?!
C'EST DE LA FOLIE !! VOUS RÊVEZ !!
AÏE !!
POURQUOI M'AVEZ-VOUS FRAPPÉ ?!
COMME ÇA.
ガツ
PAF
CE N'EST PAS GRAVE, JE SUIS HABITUÉ...
HÉ, HÉ, HÉ !
PEU M'IMPORTE DE MOURIR !
COMMENT ?
C'EST MOI ET MOI SEUL QUI AI DÉCIDÉ DE DEVENIR ROI DES PIRATES.
ALORS MÊME SI JE DOIS Y LAISSER LA VIE, JE N'AURAI AUCUN REGRET.
!!
IL EST VRAIMENT PRÊT À TOUT !!
PEU... PEU VOUS IMPORTE DE MOURIR !?!

D'AILLEURS, J'AI LE SENTIMENT QUE C'EST À MA PORTÉE.
TU CROIS QUE C'EST SI DIFFICILE QU'ON LE DIT ?
...
JE N'Y AVAIS JAMAIS PENSÉ...
...
PLOC
VOUS... VOUS CROYEZ QUE MOI AUSSI JE POURRAIS Y ARRIVER...
SI J'ÉTAIS PRÊT À MOURIR...
SNIF
HEIN ? DE QUOI ?
RÉUSSIR...
À RENTRER DANS LA MARINE !!
LA MARINE ?
NOUS DEVIENDRONS ENNEMIS LUFFY !
MAIS J'AI TOUJOURS VOULU DEVENIR UN GRAND OFFICIER POUR ARRÊTER LES MALFRATS...
C'EST MON RÊVE DEPUIS QUE JE SUIS TOUT PETIT !!

VOUS M'EN CROYEZ CAPABLE !?!
J'EN SAIS RIEN MOI !
SI, JE LE FERAI !
TOUT SAUF PASSER LE RESTANT DE MON EXISTENCE COMME HOMME À TOUT FAIRE SUR CE BATEAU !
JE VAIS M'ÉCHAPPER, QUITTE À RISQUER MA VIE POUR M'ENGAGER DANS LA MARINE !!
ET... ET JE RÉGLERAI SON COMPTE À LADY ALVIDA !!
COMMENT ÇA TU ME RÉGLERAS MON COMPTE ?!! HEIN, KOBBY !!
!
DOKOM
AAAAH !!
!!
MON... MON BATEAU...
TU CROIS RÉELLEMENT...
POUVOIR TE FAIRE LA BELLE ?!

WOOM !!
IL SEMBLERAIT QUE TU AIES LOUÉ LES SERVICES D'UN CHASSEUR DE PRIMES AUTRE QUE RORONOA ZORO...
JE TE POSE LA QUESTION UNE DERNIÈRE FOIS, KOBBY...
QUI EST LA PLUS BELLE FEMME DE L'OCÉAN ?
RÉPONDS-MOI !!
!!
ZORO ?
EUH... EH BIEN...
BIEN SÛR, C'EST...
OUPS
C'EST QUI CE GROS THON ?
!!
GRRR
IL...
IL A OSÉ !!
RETIRE CE QUE TU VIENS DE DIRE LUFFY !!
CETTE FEMME EST LA PLUS...

"C'EST MOI
ET MOI SEUL
QUI AI DÉCIDÉ
DE DEVENIR
ROI DES
PIRATES."
"ALORS
MÊME SI JE DOIS
Y LAISSER LA VIE,
JE N'AURAI AUCUN
REGRET."
LA PLUS...
LA PLUS GROSSE...
ET LA PLUS MOCHE DE TOUT L'OCÉAN !!
GWOOO
AH !
HA, HA, HA, HA !!
A, HA, HA, HA!!
SALE MORVEUUX !!
JE N'AI AUCUN REGRET ! AUCUN REGRET ! JE L'AI DIT, J'AI OSÉ L'AFFRONTER ! JE ME SUIS BATTU POUR MON RÊVE !!
AAAAHHHH!!

POF
LUFFY !
BIEN JOUÉ KOBBY, RECULE-TOI MAINTENANT !
VOUS NE VALEZ PAS MIEU L'UN QUE L'AUTRE..
HORS DE QUESTION QUE JE VOUS LAISSE LA VIE SAUVE !!
ZBOM
!!
ÇA N'A AUCUN EFFET SUR MOI.
JE SUIS ÉLAS-TIQUE !
HÉ HÉ
IM... IMPOSSIBLE ! MA MASSUE...
?!

?!
JE RÊVE
OU QUOI !!
GUM
GUM...
BULLET !!
HEIN ?
BATSH
?!

SON... SON BRAS S'EST ALLONGÉ !!
CAPITAINE !
IL A BATTU LADY ALVIDA, C'EST UN MONSTRE !
KOBBY A DÉCIDÉ DE S'ENGAGER DANS LA MARINE !!
VOUS ALLEZ LUI DONNER UNE BARQUE ET LE LAISSER PARTIR SUR-LE-CHAMP !
D'AC... D'ACCORD.
HI, HI, HI !
SNIF
LUFFY...

ALORS COMME ÇA, VOUS AVEZ MANGÉ UN FRUIT DU DÉMON.
BAH ÇA ALORS.
DITES LUFFY, SI VOUS PARTEZ À LA POURSUITE DU "ONE PIECE"...
CELA VEUT DIRE UE VOUS ALLEZ EMPRUNTER LA ROUTE DE "GRAND LINE" ?
OUI.
VOUS SAVEZ QU'ON L'APPELLE AUSSI LE "CIMETIÈRE DES PIRATES"...
OUI, C'EST POUR ÇA QUE J'AI BESOIN D'UN ÉQUIPAGE COSTAUD.
AU FAIT, LE GARS DONT TU PARLAIS LÀ...
CELUI EMPRISONNÉ À LA BASE NAVALE.
AH, RORONOA ZORO ?
S'IL S'AVÈRE ÊTRE UN TYPE BIEN, JE LE PRENDRAI DANS MON ÉQUIPAGE !
MAIS VOUS ÊTES DINGUE !!
PUISQUE JE VOUS DIS QUE CET HOMME EST UN MONSTRE !
QU'EST-CE QUE T'EN SAIS, TOI ?
J'EN SUIS SÛR !
Pendant ce temps-là, leur embarcation cheminait vers la base navale.

ÉTAPE 1 ! LE PAVILLON PIRATE

Permettez-moi d'abord de vous expliquer la signification de ce pavillon pirate. Il est plus généralement nommé *Jolly Roger* et est symbole de mort chez les pirates. Brrr...

Plusieurs hypothèses existent concernant l'origine de ce nom :

- Il viendrait du terme français "joli rouge", synonyme de "sang".

- Ou bien puiserait ses racines dans l'expression "le Jerry rouge" qui signifie "le joyeux drille rouge".

- Enfin, on parle aussi d'une reprise d'un des surnoms du diable, "Old Roger".

Comme vous pouvez le constater les hypothèses sont diverses mais aucune d'entre elles n'est de très bon augure.

UN MONSTRE...
OUI, LUFFY.
UN PERSONNAGE EFFROYABLE SURNOMMÉ LE "CHASSEUR DE PIRATES".
TEL UN CHIEN ERRANT ASSOIFFÉ DE SANG...
IL PARCOURT LES OCÉANS À LA POURSUITE DE RÉCOMPENSES.
ON TROUVE MÊME DES GENS AFFIRMANT QU'IL S'AGIT D'UN DÉMON AYANT PRIS FORME HUMAINE.
MMH...
C'EST POURQUOI IL FAUT CESSER D'IMAGINER POUVOIR L'ENGAGER DANS VOTRE ÉQUIPAGE...
JE N'AI ENCORE RIEN DÉCIDÉ.
JE DIS JUSTE QUE SI C'ÉTAIT UN TYPE BIEN...
MAIS IL EST EN RISON DONC E N'EST PAS QUELQU'UN DE BIEN !!

CHAPITRE 3

ZORO LE "CHASSEUR DE PIRATES"

TADAAM
NOUS VOILÀ ARRIVÉS SUR L'ÎLE QUI SERT DE BASE À LA MARINE !!
OUI, ENFIN !!
MARINE
T'ES GÉNIAL KOBBY !
MH ?
TAM
TU NOUS AS MENÉS À BON PORT !
MAIS... C'EST NORMAL.
C'EST LA MOINDRE DES CHOSES QUE DOIT SAVOIR FAIRE UN MARIN AVANT DE SORTIR EN MER.
SI VOUS DÉRIVEZ À CHACUN DE VOS VOYAGES, VOUS NE DEVIENDREZ JAMAIS UN VRAI PIRATE, LUFFY.
VOUS DEVEZ RECRUTER UN NAVIGATEUR PARMI LES MEMBRES DE VOTRE ÉQUIPAGE.
OUI, JE FERAI COMME TU DIS ! MAINTENANT C'EST L'HEURE DU REPAS !

FOOD FOO
NOS ROUTES SE SÉPARENT ICI, KOBBY.
JE TE SOUHAITE DE RÉUSSIR DANS LA MARINE ET DE DEVENIR UN GRAND OFFICIER !
OUI, MERCI LUFFY.
VOUS AUSSI, J'ESPÈRE QUE VOUS FEREZ UN BON PIRATE.
MÊME SI TÔT OU TARD NOUS SERONS AMENÉS À NOUS AFFRONTER.
À PROPOS, TU CROIS QU'IL ES EMPRISONNÉ DANS LA BASE CE ZORO ?
ガタン!!
CLANG
!!
ビク ビク…
GLA GLA
?
...
HUM...
J'AI L'IMPRESSION QUE LE NOM DE "ZORO" EST TABOU PAR ICI.
PSCH PSCH

TOUT À L'HEURE SUR LE CHEMIN J'AI VU UNE AFFICHE DE L'HOMME À LA TÊTE DE CETTE BASE, LE COLONEL MORGAN...
!!
ガダガダァン!!
BADAM
HEIN ?!
OHH !
HA, HA, HA, ILS ÉTAIENT MARRANTS LES GENS DE CE RESTAURANT.
J'Y REPASSERAI UN PEU PLUS TARD.
かっはっはっは
HA HA HA
VOUS NE TROUVEZ PAS ÇA ÉTRANGE ? MOI JE NE ME SENS PAS TRÈS RASSURÉ...
JE COMPRENDS QUE LE NOM D'UN CRIMINEL COMME ZORO LES FASSE SURSAUTER...
MAIS POURQUOI RÉAGISSENT-ILS DE LA MÊME MANIÈRE À CELUI DU COLONEL ?
ILS TROUVAIENT PEUT-ÊTRE ÇA DRÔLE DE SAUTER DANS TOUS LES SENS ?
VOUS SAVEZ TRÈS BIEN QUE CE N'EST PAS LE CAS !
JE VOUS PARLE SÉRIEUSEMENT, MOI.

WOOO
どーん!!
Base de la Marine
MARINE
MARINE
海軍
...
VUE DE PRÈS, ELLE EN IMPOSE ENCORE PLUS !
ALLEZ, VAS-Y KOBBY !
OUI MAIS, EUH... JE CROIS QUE JE NE SUIS PAS ENCORE PRÊT...
PUIS LA RÉACTION DES GENS TOUT À L'HEURE...
LUFFY, ATTENDEZ !
ZBONG
ぴょん
OÙ PEUT BIEN SE CACHER...
NOTRE MONSTRE ?

ILS NE VONT PAS LE LAISSER DEHORS À LA VUE DE TOUS.
IL EST SÛREMENT DISSIMULÉ DANS UN CACHOT.
NON, IL Y A QUELQUE CHOSE DE L'AUTRE CÔTÉ !
C'EST PEUT-ÊTRE NOTRE ZORO.
ゴク… GLOUPS
COMMENT ?!!
ゴオオオ
GWOOO
REGARDE, C'EST LUI.
…
ドキ ドキ MFF MFF
そろ… BRR
QU'EST-CE QUI T'ARRIVE ?
C'EST BIEN RORONOA ZORO, ÇA NE FAIT AUCUN DOUTE !!
UN… UN FOULARD NOIR AUTOUR DE LA TÊTE ET UNE LARGE CEINTURE REMBOURRÉE !!
ドックン ドックン!! VLOM VLOM
IL DÉGAGE UNE TELLE ÉNERGIE…
!!

GWOOO
HUM, JE VOIS... IL SUFFIRAIT DE DÉFAIRE SES LIENS AFIN QU'IL PUISSE S'ENFUIR SANS TROP DE PROBLÈMES.
MARINE

CE... CE N'EST VRAIMENT PAS LE MOMENT DE PLAISANTER !!
SI VOUS L'AIDEZ À FUIR, IL METTRA LA VILLE À FEU ET À SANG ET VOUS TUERA ENSUITE, LUFFY !!
HÉ, VOUS LÀ-BAS.
MH ?
HII !
VOUS NE VOUDRIEZ PAS...
VENIR ME DÉTACHER ?
GWOOO
ÇA FAIT NEUF JOURS QUE JE SUIS DANS CETTE POSTURE, JE SUIS À BOUT DE FORCES.
T'AS VU, IL SOURIT.
IL... IL A PARLÉ !!
IL Y A UNE RÉCOMPENSE À LA CLÉ.
JE VOUS FILERAI LA PRIME DU PREMIER TYPE RECHERCHÉ SUR QUI JE METS LA MAIN.
JE VOUS LE PROMETS.

NE VOUS LAISSEZ PAS AVOIR PAR SES BELLES PAROLES !!
SI VOUS LE LIBÉREZ, IL NOUS TUERA AVANT DE S'ENFUIR !
NE T'INQUIÈTE PAS.
MOI AUSSI...
JE SUIS FORT.
TCHAC
HUM ?
HFFF
IL VA ME RENDRE FOU !!
MH ?
HEIN ?
CHUT.
TAC

HÉ, TOI ! ATTENDS, C'EST DANGEREUX !
TAP TAP
こそ こそ…
?
QU'EST-CE QUE TU VEUX ?
LUFFY, RETENEZ-LA ! ELLE VA SE FAIRE TUER !!
T'AS QU'À LE FAIRE, TOI.
TU VEUX MOURIR GAMINE ? TIRE-TOI DE LÀ !
JE ME SUIS DIT QUE VOUS DEVIEZ AVOIR FAIM DEPUIS LE TEMPS QUE VOUS ÊTES LÀ, ALORS JE VOUS AI APPORTÉ DES BOULETTES DE RIZ !
C'EST LA PREMIÈRE FOIS QUE J'EN PRÉPARAIS, J'AI FAIT DE MON MIEUX…
MOI, FAIM ?!
REMBALLE TES BOULETTES ET FICHE LE CAMP !
MAIS…
JE T'AI DIT QUE J'AVAIS PAS FAIM ! RENTRE CHEZ TOI !
OU TU VAS VOIR DE QUEL BOIS JE ME CHAUFFE !

VLAM
ガシャン…!
!
JE VAIS LE DIRE À MON PÈRE.
!
CE N'EST PAS BIEN DE S'EN PRENDRE AUX ENFANTS.
RORONOA ZORO !
Le fils du colonel Hermep
ENCORE UN DRÔLE D'ÉNERGUMÈNE.
C'EST SÛREMENT UN PONTE DE LA MARINE...
LA PETITE L'A ÉCHAPPÉ BELLE.
TSS
VOILÀ LE GRAND BENÊT DE FILS À PAPA...
DAM
BENÊT ? ATTENTION À CE QUE TU DIS.
JE TE RAPPELLE QUE JE SUIS LE FILS DU COLONEL MORGAN !!

ALORS MA PETITE DEMOISELLE...
ON EST VENU LUI APPORTER DE DÉLICIEUSES BOULETTES DE RIZ ?
HOP
ELLES NE SONT PAS POUR VOUS !!
BEURK !
C'EST... C'EST IMMONDE ! QU'EST-CE QUE TU AS FOUTU DEDANS, DU SUCRE ?!
BERK
ON UTILISE DU SEL POUR LES BOULETTES DE RIZ, DU SEL !
MAIS... JE ME SUIS DIT QUE CE SERAIT MEILLEUR SUCRÉ...
TU RÊVES, IDIOTE ! PERSONNE NE BOUFFERA JAMAIS ÇA !!
SPAF
STOP ! ARRÊTEZ !! QU'EST-CE QU'IL VA MANGER MAINTENANT ?
SPLOCH
SPAF
C'EST HORRIBLE... LES BOULETTES DE LA PETITE...
NE T'EN FAIS PAS, AU BESOIN IL MANGERA LES FOURMIS.
HÉ, HÉ, HÉ, HÉ !
CRUISH
CRUISH
HI, HI !
AH...
PLOTCH
...

C'EST INJUSTE !! JE LES AVAIS SOIGNEUSEMENT PRÉPARÉES...
ボロボロ
SNIF SNIF
AHHH, ARRÊTE DE PLEURNICHER !!
JE HAIS LES GOSSES.
PFFF
TOUT ÇA EST DE TA FAUTE.
TU N'AS PAS LU CE PANNEAU ?
...
MARINE
"TOUT INDIVIDU PORTANT SECOURS AUX CRIMINELS SERA AUSSI CONSIDÉRÉ COMME TEL".
SIGNÉ : LE COLONEL MORGAN.
DIS GAMINE, MÊME TOI TU CONNAIS MON PÈRE, HEIN ?
SI TU ÉTAIS ADULTE, CE SERAIT LA PEINE DE MORT !!
FWP
TOI, DÉBARRASSE-MOI D'ELLE !
HEIN ?
JE TE DIS DE LA BALANCER PAR-DESSUS LA CLÔTURE !
TU REFUSES D'OBÉIR À MES ORDRES ?!!
JE VAIS LE DIRE À MON PÈRE !!
OUI... TOUT DE SUITE !

AHHH !!
!
SHLAF
!!
ÇA VA ? RIEN DE CASSÉ ?
JE N'EN REVIENS PAS, QUEL MONSTRE !
...
TAP TAP
TU ES BIEN PLUS CORIACE QUE CE QUE JE PENSAIS, ZORO.
OUAIS... JE T'AI DIT QUE JE TIENDRAIS LE COUP UN MOIS ENTIER.
TU AS INTÉRÊT À TENIR TA PROMESSE !!
HI, HI, HI ! OUI, JE RESPECTE TOUJOURS MES ENGAGEMENTS.
SI TU ARRIVES À SURVIVRE UN MOIS, JE TE RELÂCHERAI.
ひえっ HÉ ひえっ HÉ
スタ PATA スタ... PATA
FAIS DE TON MIEUX !!

!
T'ES ENCORE LÀ, TOI ?
IL VA TE BALANCER À SON PÈRE SI TU TRAÎNES TROP DANS LES PARAGES.
TANT PIS.
JE RECRUTE DES PIRATES POUR MON ÉQUIPAGE.
DES PIRATES ?
TU ES DE CEUX QUI VEULENT AVOIR L'AIR PLUS MAUVAIS QU'ILS NE LE SONT...
MARINE
NON, IL S'AGIT DE MA PROPRE VOLONTÉ !
QU'EST-CE QU'IL Y A DE MAL À VOULOIR DEVENIR PIRATE ?!!
ET ? TU NE COMPTES TOUT DE MÊME PAS ME DEMANDER...
DE TE PRÊTER MAIN-FORTE SI TU ME LIBÈRES DE CES LIENS ?
JE NE T'AI PAS ENCORE PROPOSÉ DE ME REJOINDRE.
IL PARAÎT QUE TU ES QUELQU'UN DE DANGEREUX.

DE DANGEREUX...
JE TE PRÉVIENS D'AVANCE, CE GENRE DE PROPOSITION NE M'INTÉRESSE PAS.
J'AI UN OBJECTIF À REMPLIR !!
JE N'AI PAS BESOIN DE TON AIDE POUR POUVOIR SURVIVRE !
L'ABRUTI DE TOUT À L'HEURE M'A PROMIS QUE SI JE TENAIS LE COUP...
IL ME LIBÉRERAIT AU BOUT D'UN MOIS.
JE VAIS TOUT FAIRE POUR Y ARRIVER...
ET ATTEINDRE LE BUT QUE JE ME SUIS FIXÉ !!
BIEN, JE VOIS.
MOI JE N'AURAIS PAS TENU LE COUP UNE SEMAINE.
DIS-TOI QUE NOUS NE SOMMES PAS FAITS DE LA MÊME ÉTOFFE.
TU VAS DEVOIR RECRUTER TES PETITS CAMARADES AILLEURS.
HÉ, ATTENDS UNE SECONDE !
MH ?
TU PEUX... ME FILER ÇA ?

TU VEUX MANGER CE TRUC ?
CE N'EST PLUS QU'UNE BOULETTE DE TERRE.
MÊME LE VENTRE VIDE...
ARRÊTE DE JASER.
AHH
FERME-LA ET DONNE-MOI À BOUFFER !
T'ES EN TRAIN DE TOUT FAIRE TOMBER !
CRONCH, CRONCH, MIAM !!
CRONCH
MIAM !!
CRONCH
!!
...
KOF, KOF
!!
JE T'AVAIS PRÉVENU QUE CE SERAIT DÉGUEU.
KOF, KOF... DIS À LA GAMINE...
AHH
AHH
DE QUOI ?
QUE C'ÉTAIT DÉLICIEUX.
ET QUE JE ME SUIS RÉGALÉ.
!
HA, HA !

C'EST VRAI ?
SI JE TE LE DIS !
IL N'EN A PAS LAISSÉ UNE MIETTE.
OUAHH, SUPER !
CE ZORO... JE ME DEMANDE SI LA RUMEUR N'A PAS TORT LORSQU'ELLE PARLE DE "MONSTRE"...
CE N'EST PAS UN MONSTRE !
LES GENS DE LA VILLE ONT PEUR DE LUI.
MAIS IL N'A RIEN FAIT DE MAL.
C'EST POUR ME PROTÉGER...
QU'IL A TUÉ LE LOUP APPARTENANT AU FILS DU COLONEL MORGAN !
JUSQUE-LÀ CE DERNIER PASSAIT SON TEMPS À SE PROMENER EN VILLE AVEC SON LOUP EN LIBERTÉ !
TU NOUS EXPLIQUES QUE LA SEULE RAISON POUR LAQUELLE ZORO A ÉTÉ ARRÊTÉ...
C'EST PARCE QU'IL A ABATTU LE LOUP DE CE DEMEURÉ ?
OUI.
AH BON, DANS CE CAS ÇA CHANGE TOUT.
SI NOUS METTONS DE CÔTÉ SA NATURE QUELQUE PEU EFFRAYANTE...
L'ACTIVITÉ DE CHASSEUR DE PRIMES NE CONSTITUE PAS UN CRIME EN ELLE-MÊME.

CE SONT LE COLONEL MORGAN ET SON FILS LES MÉCHANTS !
POUR PEU QU'ON ESSAIE DE LEUR TENIR TÊTE, C'EST LA PEINE DE MORT.
HI, HI, HI, HI, BAISSEZ LA TÊTE, PLUS QUE ÇA ! SINON JE VAIS LE DIRE À MON PÈRE !
!
À MOINS QUE VOUS NE VOULIEZ FINIR PENDUS À UNE CROIX COMME RORONOA ZORO ?!
DANS TROIS JOURS IL SERA EXÉCUTÉ POUR L'EXEMPLE !!
ひえっ ひえっ
HÉ HÉ
VENEZ TOUS LE VOIR, L'EXÉCUTION SERA PUBLIQUE !
ズラッ…!
WOOO
DANS TROIS JOURS ?
ET TA PROMESSE DE LIBÉRATION AU BOUT D'UN MOIS ?!
T'ES QUI TOI POUR M'ADRESSER LA PAROLE DE LA SORTE ?
ざわ
BLA
TU TE DOUTES BIEN QUE CE N'ÉTAIT QU'UNE BLAGUE !!
IL FAUT ÊTRE AFFREUSEMENT BÊTE POUR PRENDRE ÇA AU SÉRIEUX !
ぶぷ ーっ!!
PFFT
HI HI HI !
"L'ABRUTI DE TOUT À L'HEURE M'A PROMIS QU'IL ME LIBÉRERAIT AU BOUT D'UN MOIS."

!!
AAHHH
BING
AAHHHH!!
LUFFY !!
ARRÊTEZ ! REPRENEZ VOTRE CALME !
CE TYPE EST UNE ORDURE.
YAAHH
WAHH
VOUS VOULEZ VOUS ATTIRER LES FOUDRES DE LA MARINE ?!
WAHH
C'EST DÉCIDÉ KOBBY !!
WAHH
HEIN ?
JE VAIS RECRUTER ZORO DANS MON ÉQUIPAGE !!

ÉTAPE 2 !

DESSINONS UNE TÊTE DE MORT !

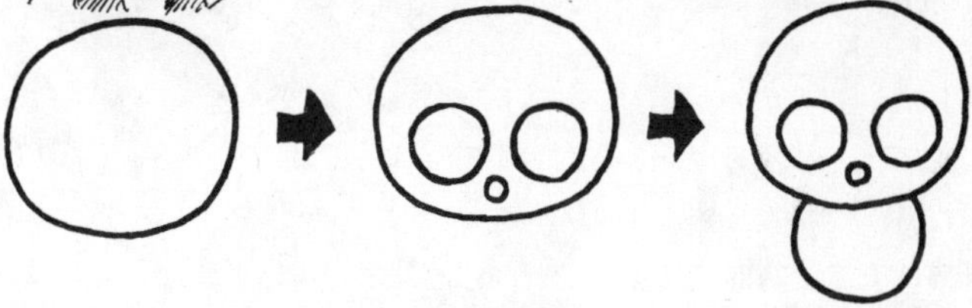

1. Dessinez d'abord un grand rond.

2. Trois autres à l'intérieur.

3. Et un dernier en dessous.

4. Tracez-y ensuite deux traits horizontaux.

5. Et trois verticaux.

6. N'oubliez pas les deux os en arrière-plan...

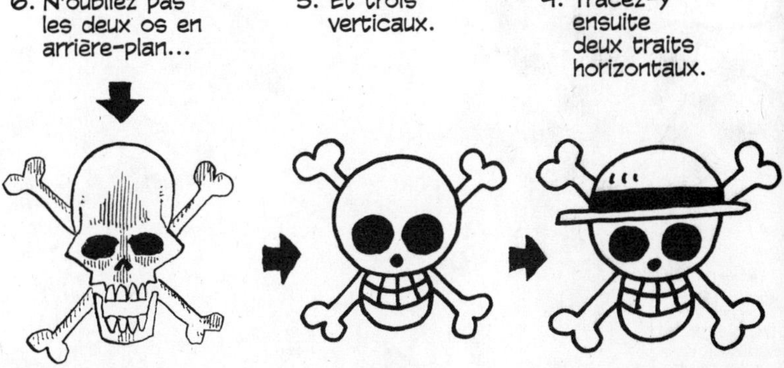

7. Et voilà, c'est terminé ! Ah, non, ce n'est pas exactement ça...

7. Ça y est, la classe !

8. Si vous lui couvrez la tête d'un chapeau vous obtiendrez l'emblème de Luffy.

CHAPITRE 4

MORGAN, LE COLONEL À LA MAIN DE FER

JE SUIS LE FILS DU COLONEL MORGAN DE LA MARINE !!
JE VAIS TOUT RAPPORTER À MON PÈRE !!
ビクッ!!
OHHH
!!
VIENS PLUTÔT TE BATTRE.
ARRÊTEZ, LUFFY !
TU VAS REGRETTER JUSQU'À LA MORT D'AVOIR LEVÉ LA MAIN SUR MOI.
JE TE RÉSERVE LA PEINE CAPITALE !!
MON PÈRE NE FERA QU'UNE BOUCHÉE DE TOI !!
POF
IL NE VAUT MÊME PAS LA PEINE QU'ON S'ACHARNE DAVANTAGE SUR LUI.
ESPÈCE D'IMBÉCILE !!
だだだだだ
TAP TAP TAP TAP
IL A DÉTALÉ.

OUAH, JE N'EN REVIENS PAS !
MON SANG N'A FAIT QU'UN TOUR !
C'EST VRAI ? J'AURAIS DÛ Y ALLER UN PEU PLUS FORT ALORS !
RIKA !
VIENS ICI !!
JE T'INTERDIS DE LUI ADRESSER LA PAROLE !
ON RISQUE DE TE PRENDRE POUR L'UNE DE SES COMPLICES ET DE TE FAIRE SUBIR LE MÊME SORT !
MAIS MAMAN, C'EST QUELQU'UN DE BIEN ! ZORO AUSSI N'EST PAS...
バタン VLAM
バタン… VLAM
...
NE ME DIS PAS QUE TU ES ALLÉ LUI RENDRE VISITE EN PRISON ?!!
NON... NON MAMAN !
ALLEZ, RENTRE VITE À LA MAISON !
バタン… VLAM
ON NE S'EN TIRERA PAS SI FACILEMENT, ÇA VA BARDER !!
LE COLONEL VA SE METTRE EN ROGNE ! IL NE MANQUERAIT PLUS QUE L'ARMÉE S'INVITE À LA FÊTE...
ああああああ AAAHHHH
ON VERRA ÇA EN TEMPS VOULU ! MOI JE VAIS VOIR ZORO.

MARINE
Bâtiment principal de la base
MARINE
DAM
JE SUIS...
LEUR SUPÉRIEUR.
DAM
TOUT À FAIT.
VOUS ÊTES COLONEL, COLONEL MORGAN !!
OR, AU REGARD DE LA POSITION QUI EST LA MIENNE, NE TROUVES-TU PAS QUE LE TRIBUT...
DONT S'ACQUITTENT NOS CHERS CONCITOYENS EST UN PEU FAIBLE ?
À CE SUJET COLONEL, CONCERNANT LE PAIEMENT DE L'IMPÔT...
MARINE
LES FINANCES DES HABITANTS SEMBLENT TOUCHER LE FOND ET...
IL N'EST ICI NULLE QUESTION DE FINANCES...
MAIS DE RESPECT ENVERS MA PERSONNE !!

PAPA !
QUE SE PASSE-T-IL HERMEP, TU ES BIEN BRUYANT ?
ばんっ!! VLAM!!
JE VOUDRAIS QUE TU SUPPRIMES UN TYPE !!
SALUT.
ENCORE TOI ?
JE CROYAIS AVOIR DÉCLINÉ TON INVITATION...
JE M'APPELLE LUFFY !
JE VAIS DÉFAIRE TES LIENS. COMME ÇA, TU POURRAS REJOINDRE MON ÉQUIPAGE.
T'ÉCOUTES QUAND ON TE PARLE ?!

JE T'AI AUSSI DIT QUE J'AVAIS UN OBJECTIF À REMPLIR.
ET JE NE COMPTE PAS ME DÉTOURNER DE MES PRINCIPES POUR TES BEAUX YEUX.
BOF, ÇA NE CHANGERAIT PAS GRAND-CHOSE...
TU N'AS DÉJÀ PAS TRÈS BONNE RÉPUTATION EN TANT QUE CHASSEUR DE PRIMES.
JE ME FICHE DE CE QUE LES GENS PENSENT.
JE N'AI JAMAIS RIEN FAIT QUI AILLE À L'ENCONTRE DE MES CONVICTIONS, ET JE COMPTE BIEN CONTINUER AINSI !
IL EST DONC HORS DE QUESTION QUE JE DEVIENNE PIRATE !!
...
AU FAIT, ON DIT QUE TU SAIS MANIER LE SABRE.
...
OUI, SI SEULEMENT JE N'ÉTAIS PAS LIGOTÉ À CE POTEAU...
TU M'ÉNERVES À LA FIN, MOI J'AI DÉCIDÉ QUE TU FERAIS PARTIE DE MON ÉQUIPAGE !
MAIS T'ES INCROYABLE TOI !!

ET IL EST OÙ CE SABRE ?
L'AUTRE ABRUTI ME L'A CONFISQUÉ, C'EST CE QUE J'AI DE PLUS PRÉCIEUX APRÈS MA VIE.
MON TRÉSOR !!
EH BIEN...
TU AS L'AIR D'Y TENIR BEAUCOUP !
NE T'INQUIÈTE PAS...
JE VAIS LE RÉCUPÉRER POUR TOI !
QUOI ?
MAIS SI TU SOUHAITES QUE JE TE LE RENDE...
TU DEVRAS REJOINDRE MON ÉQUIPAGE.
はっはっは
HA HA HA
C'EST QUOI CE CHANTAGE, CRAPULE !!
À TOUT DE SUITE !!
HÉ, ATTENDS !
IL A RÉELLEMENT L'INTENTION DE S'INTRODUIRE DANS LA BASE...
IL EST DINGUE !!

MARINE
C'EST BON, ARRÊTEZ-VOUS !
METTEZ-LA DEBOUT !
MARINE
POURQUOI TU NE VAS PAS ME VENGER PAPA ?! JE TE RAPPELLE QU'IL A OSÉ ME MOLESTER !!
MÊME TOI TU N'AS JAMAIS LEVÉ LA MAIN SUR MOI !!
POURQUOI CROIS-TU QUE JE NE T'AI JAMAIS FRAPPÉ JUSQU'À PRÉSENT ?
PARCE QUE JE SUIS TON...
OUI, C'EST ÇA...
MARIN
ZBING
PARCE QUE TU N'EN VAUX PAS LA PEINE, MISÉRABLE AVORTON !!
OUCH !!

IL FAUDRAIT QUE TU M'EXPLIQUES POURQUOI...
JE DOIS TOUJOURS M'OCCUPER DES BAGARRES QUE TU PROVOQUES ?
ÇA NE ME GÊNE PAS QUE TU UTILISES À TON PROFIT LA POSITION QUI EST LA MIENNE.
MAIS JE NE ME CHARGE QUE DES TYPES QUI M'ONT DIRECTEMENT TENU TÊTE !!
NE TE MÉPRENDS PAS !
CE N'EST PAS TOI QUE LES GENS CRAIGNENT, MAIS TON PÈRE !
AUTREMENT DIT, MOI.
...
DAM
Colonel de la Marine
Morgan, le colonel à la main de fer

* N.D.T. : MOUETTE EN ALLEMAND

DANS CE CAS, ENFOIRÉ, DE QUEL DROIT TU CONTREDIS MES ORDRES !?!
SI JE TE DIS DE L'ABATTRE, TU T'EXÉCUTES !!
C'EST...
C'EST IMPOSSIBLE !!
ESPÈCE DE TRAÎTRE !!
TCHAC
WAAHHH !!
PAPA... TU N'AVAIS PAS BESOIN D'ALLER SI LOIN !!
BOM
LIEUTENANT !
VOILÀ QUI EST FAIT. JE DESCENDRAI PLUS TARD EN VILLE...
M'OCCUPER DE SON CAS POUR L'EXEMPLE.

JE SUIS AUJOURD'HUI LE COLONEL DE CETTE BASE...
J'AI GRAVI LES ÉCHELONS AU SEIN DE LA MARINE À LA FORCE DE MES BRAS.
C'EST DONC MOI QUI DIRIGE ET QUI DONNE LES ORDRES !!
SEUL LE GRADE COMPTE DANS CE BAS MONDE !!
LES GRADÉS NE COMMETTENT JAMAIS D'ERREUR !!
JE ME TROMPE ?
REGARDEZ CETTE STATUE !! ELLE EST LE SYMBOLE DE MA PUISSANCE !
KLANG
CELA AURA PRIS LE TEMPS QU'IL FALLAIT MAIS MON VOEU SE RÉALISE ENFIN !!
GWOOO
KWII
KWII
DÉPÊCHEZ-VOUS DE LA METTRE SUR PIED ! ELLE SERA L'EXPRESSION DE MON POUVOIR SUR CETTE BASE !!
NON COLONEL !
VOUS AVEZ ABSOLUMENT RAISON !!
TAC

C'EST BIZARRE, JE NE VOIS AUCUN SOLDAT.
ILS SONT PEUT-ÊTRE EN RÉUNION.
MARINE
AVANT DE TROUVER LE SABRE...
JE DOIS D'ABORD METTRE LA MAIN SUR CE GRAND DADAIS.
TIREZ ! ALLEZ, TIREZ !
GROOO
HA !!
CRAC
TOI, ATTENDS !
TU VIENS DE LA HEURTER, LÀ ?!
TOU... TOUTES MES EXCUSES, JE NE L'AI PAS FAIT EXPRÈS.
HM ?
MARINE
JE CROIS AVOIR ENTENDU DES VOIX LÀ-HAUT.
BOOOO.....
JE VAIS ALLER JETER UN ŒIL !

HOP !
びょ
BOING
TCHAC
GUM GUM...
ググ....
GWIP !!
ROCKET !!
ZBONG

ESPÈCE DE MOINS QUE RIEN !! JE ME FAISAIS UNE JOIE DE POUVOIR ADMIRER MA STATUE ENFIN ACHEVÉE...
ET TOI TU L'ABÎMES AVANT QU'ELLE NE SOIT SUR PIED !!
MES PLUS PLATES EXCUSES, COLONEL ! J'EN ASSUME L'ENTIÈRE RESPONSABILITÉ ET JE M'EN VAIS LA RÉPARER SUR-LE...
CETTE STATUE, C'EST MOI !!
L'ÉGRATIGNER OU LA SALIR ÉQUIVAUT À COMMETTRE UN ACTE DE TRAHISON À MON ÉGARD !!
GOOO
TU VAS PAYER !!
ひゅうっ
FIOUU
AHHHH !!
WAAAHH !!
J'AI SAUTÉ TROP HAUT !
C'EST QUOI CE TRUC ?!
IL A SURGI D'EN BAS...
HOP LÀ !
グイッ…!!
TCHIC
GRAB
!
AH ?!
MARINE

CRAAC
HM ?
MARINE
MARINE
MARINE
!!
MARINE

DE...
DÉSOLÉ.
BAKAM
GROAR
ATTRAPEZ-LE, JE LE TUERAI DE MES PROPRES MAINS !!
À...
À VOS ORDRES !!
PAPA, C'EST LUI !
C'EST LUI QUI M'A FRAPPÉ ! JE T'AVAIS BIEN DIT QU'IL FALLAIT LUI FOUTRE UNE RACLÉE !!

JE T'AI ENFIN TROUVÉ !
AHHH, LÂCHE-MOI ! PAPA, À L'AIIIDE !!
MARINE
IL S'ENFUIT VERS LE BÂTIMENT PRINCIPAL.
AHHH !
SUIVEZ-LE !!
COLONEL, IL Y A UN INTRUS EN BAS !
QUOI ?
HAN
HAN
LES RENÉGATS SURGISSENT LES UNS APRÈS LES AUTRES ! JE VAIS TOUS LES ANÉANTIR !!
QU'EST-CE QUE TU DIS ?! LUFFY S'EST INTRODUIT DANS LA BASE ?
IL A PERDU LA TÊTE...
OUI, IL EST COMPLÈTEMENT INCONSCIENT.
HÉ, ATTENTION À CE QUE TU FAIS ? SI TU ME VIENS EN AIDE, TU RISQUES DE TE FAIRE TUER !
VOTRE ARRESTATION EST SANS FONDEMENT !!
JE NE PEUX TOLÉRER L'EXISTENCE D'UNE ARMÉE COMME CELLE-CI !!
MOI JE DEVIENDRAI UN SOLDAT DE LA MARINE JUSTE ET DROIT ! TOUT COMME LUFFY SOUHAITE DEVENIR LE ROI DES PIRATES !!

COMMENT ?
LE... LE ROI DES PIRATES ?! IL SAIT CE QUE ÇA SIGNIFIE ?
HÉ, HÉ, HÉ ! AU DÉPART JE N'Y CROYAIS PAS NON PLUS...
MAIS IL EST SÉRIEUX, IL EST COMME ÇA !
!
PAN
MARINE
PAR LÀ, NE LE LAISSEZ PAS S'ÉCHAPPER !
OÙ EST LE SABRE DE ZORO ?
JE VAIS TOUT TE DIRE MAIS ARRÊTE DE ME TRAÎNER PAR LE COL !!

FABRIQUONS UN PAVILLON PIRATE ORIGINAL !!

ÉTAPE 3 !

Comme vous savez déjà dessiner le pavillon de base, je vais maintenant vous montrer comment en fabriquer un rien qu'à vous !

EXEMPLES

Le pavillon de Luffy
avec un chapeau de paille

Le pavillon de Shanks
avec trois traits pour la cicatrice à l'œil droit et deux sabres en arrière-plan

Le pavillon d'Alvida
avec une tête de mort de profil et un cœur dessiné

SUGGESTIONS

Pour ceux d'entre vous qui aiment le base-ball

Pour ceux qui souhaiteraient devenir cuisinier

Une tête de mort au design original

CHAPITRE 5

LE ROI DES PIRATES ET LA FINE LAME

TU VAS TE DÉPÊCHER DE LÂCHER LE MORCEAU ! OÙ EST LE SABRE DE ZORO ?!
SCHHH
JE VAIS TE LE DIRE MAIS S'IL TE PLAÎT ARRÊTE DE ME TRAÎNER PAR TERRE !!
CRIIII
OK, PARLE !
IL EST DANS MA CHAMBRE.
HUH
ON... ON VIENT DE PASSER DEVANT.
T'AURAIS PAS PU LE DIRE PLUS TÔT !
OUILLE ! MAIS ARRÊTE DE ME FRAPPER !!
BIM
PLUS UN GESTE ! RENDS-TOI SAGEMENT !
TCHAC
!
JE NE CROIS PAS.

ZOUIP
ずいっ
HM ?
ALLEZ-Y, TIREZ SI VOUS EN ÊTES CAPABLES !!
ズドドドドド
TAP TAP TAP TA
AAHHH
あぁあぁあ
GYAHH !!
IL A PRIS HERMEP COMME BOUCLIER !!
AAAAAHH !!
AAAAAHH !!
AAAAAHH !!
あぁあああ
AAHHH
ON M'A TIRÉ DESSUS !!
POM POM
DU SANG... JE SAIIIGNE !!

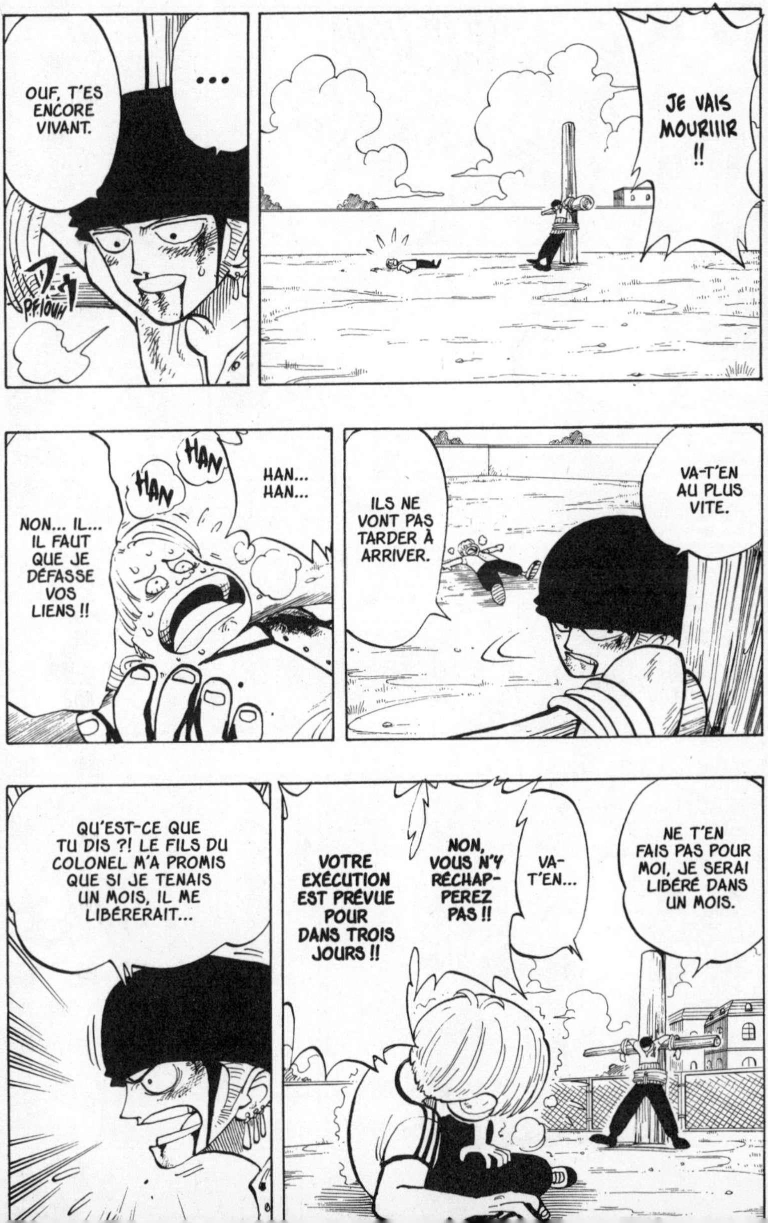
JE VAIS MOURIIIR !!
...
OUF, T'ES ENCORE VIVANT.
P.FIOUH
VA-T'EN AU PLUS VITE.
ILS NE VONT PAS TARDER À ARRIVER.
HAN... HAN...
HAN
HAN
NON... IL... IL FAUT QUE JE DÉFASSE VOS LIENS !!
NE T'EN FAIS PAS POUR MOI, JE SERAI LIBÉRÉ DANS UN MOIS.
VA-T'EN...
NON, VOUS N'Y RÉCHAPPEREZ PAS !!
VOTRE EXÉCUTION EST PRÉVUE POUR DANS TROIS JOURS !!
QU'EST-CE QUE TU DIS ?! LE FILS DU COLONEL M'A PROMIS QUE SI JE TENAIS UN MOIS, IL ME LIBÉRERAIT...

AAHHH
AAHHH
BING
TOUT ÇA N'EST QUE MENSONGE ! IL N'A JAMAIS EU L'INTENTION DE TENIR SA PROMESSE.
HH
HH
C'EST POUR CETTE RAISON QUE LUFFY S'EST ÉNERVÉ ET L'A FRAPPÉ À VOTRE PLACE !!
PARCE QU'IL A TRAHI VOTRE CONFIANCE !!
...
CE N'EST PAS VRAI !!
IL N'Y A PLUS RIEN À FAIRE, LA MARINE EST DÉSORMAIS VOTRE ENNEMIE !
HH
HH
JE VOUS EN SUPPLIE ! PROMETTEZ-MOI DE VENIR EN AIDE À LUFFY SI JE DÉNOUE VOS LIENS !
IL M'A SAUVÉ LA VIE ! JE NE VOUS DEMANDE PAS DE DEVENIR PIRATE, MAIS...
...
LUFFY EST VRAIMENT QUELQU'UN DE TRÈS FORT ! SI VOUS FAITES ÉQUIPE...
JE SUIS PERSUADÉ QUE VOUS PARVIENDREZ VOUS ENFUIR DE CETTE VILLE !

FINIE LA COMÉDIE ! POUR ACTES DE HAUTE TRAHISON À L'ENCONTRE DU COLONEL MORGAN...
ZAM
!!
VOUS ALLEZ ÊTRE EXÉCUTÉS SÉANCE TENANTE !!
MARINE
ばん
VLAM
C'EST ICI !
LÀ-BAS.
DES SABRES !!

MAIS IL Y EN A TROIS.
DIS-MOI LEQUEL APPARTIENT À ZORO.
ZUT, IL A PERDU CONNAISSANCE.
POC
HM ?
ON DIRAIT QU'IL SE PASSE QUELQUE CHOSE EN BAS...
!
KOBBY !
ENCERCLEZ LA BASE ! NE LAISSEZ EN AUCUN CAS S'ÉCHAPPER LE GAMIN AU CHAPEAU DE PAILLE !!
VOILÀ QUI EST INTÉRESSANT...
FWOOO !!
VOUS COMPTIEZ FAIRE UN COUP D'ÉTAT À TROIS ?

J'AI EU VENT DE TA RÉPUTATION, ZORO, MAIS NE ME SOUS-ESTIME PAS POUR AUTANT.
TA FORCE N'EST RIEN...
FACE À MON AUTORITÉ !!
TCHAC...!!
EN JOUE !!
!!
...
NON...
JE N'AI PAS LE DROIT DE MOURIR ICI...
J'AI UNE MISSION À REMPLIR !!
MARINE

JE LUI AI PROMIS !!
YAAHHH
STOC
LA VICTOIRE REVIENT À KUINA !
ENCORE UNE DÉFAITE DE ZORO ET SA TECHNIQUE À DEUX SABRES !!
C'EST SA 2000E DÉFAITE FACE À KUINA.
ÇA ALORS.
ARGH...
PFF, TU N'AS PAS HONTE ?
TOUJOURS AUSSI FAIBLE... POUR UN GARÇON !
HÉ ! ZORO N'EST PAS FAIBLE !
OUI, IL EST LE PLUS FORT DE NOTRE DOJO !
ADULTES Y COMPRIS !
AH BON ? JE SUIS POURTANT BIEN PLUS FORTE QUE LUI.
CE N'EST PAS LE NOMBRE DE SABRES QUI FAIT LA FORCE !
BANDE DE LOSERS.
FAIT CHIER !
QU'EST-CE QU'ELLE PEUT M'AGACER PARFOIS !
OUI, ELLE EST VRAIMENT ÉNERVANTE ! TOUT ÇA PARCE QU'ELLE EST LA FILLE DU MAÎTRE !
ELLE EST QUAND MÊME VACHEMENT MIGNONNE.

TU AS ENCORE PERDU, ZORO ?
TU TE DÉFENDS POURTANT TRÈS BIEN.
MAÎTRE !
DAM
C'EST PAS DU JEU !
VOUS ÊTES SÛR QUE VOUS NE RÉSERVEZ PAS UN ENTRAÎNEMENT SPÉCIAL À VOTRE FILLE ?!
NON, JE NE FERAIS JAMAIS UNE CHOSE PAREILLE.
BLA
BLA
ET MERDE !!
COMMENT SE FAIT-IL QUE JE N'ARRIVE PAS À GAGNER CONTRE UNE FILLE !!
SCHLONK
TU SAIS ZORO, ELLE EST UN PEU PLUS ÂGÉE QUE TOI.
MAIS JE GAGNE CONTRE TOUS LES AUTRES ADULTES !
JE ME SUIS JURÉ DE DEVENIR LE SABREUR LE PLUS FORT DU MONDE !
JE NE PEUX ME PERMETTRE DE PERDRE AUJOURD'HUI CONTRE UN ADVERSAIRE COMME ELLE !!

TAC
YAAAHHH
STOC
YAAAHHH
TCHAK
HAN
HAN
ZORO...
HAN
KUINA, BATTONS-NOUS AVEC DE VRAIS SABRES !
TU ACCEPTES ?!
MOI ?
VOLONTIERS.
SHH
SHH
C'EST PARTI.
APPROCHE !!

WAAAHHH
YAAAHHH
TING
CLING
!
TING
KLING
TCHAK
!!
ENCORE GAGNÉ, POUR LA 2001e FOIS...
LA HONTE...
C'EST TROP VEXANT !!

C'EST PLUTÔT MOI QUI DEVRAIS ÊTRE VEXÉE...
POURQUOI ?!
PARCE QU'À L'ÂGE ADULTE UN HOMME DEVIENT FORCÉMENT PLUS FORT QU'UNE FEMME.
TOI ET LES AUTRES ALLEZ TRÈS BIENTÔT ME SURPASSER.
TU SAIS ZORO, TU RÉPÈTES SOUVENT...
QUE TU SOUHAITES DEVENIR LE PLUS GRAND SABREUR DU MONDE.
MON PÈRE, LUI, M'A TOUJOURS DIT QUE C'ÉTAIT IMPOSSIBLE POUR UNE FILLE.
...
TU AS TELLEMENT DE CHANCE D'ÊTRE UN GARÇON.
MOI AUSSI J'AIMERAIS DEVENIR LA PLUS FORTE !!
AU LIEU DE ÇA, MA POITRINE COMMENCE À GONFLER...
J'AURAIS TANT VOULU NAÎTRE GARÇON...
CESSE DE TE LAMENTER ALORS QUE TU VIENS JUSTE DE ME FOUTRE UNE RACLÉE !!
C'EST UNE ATTITUDE DÉLOYALE ! JE TE SIGNALE QUE C'EST TOI L'OBJECTIF QUE JE ME SUIS FIXÉ !!

ZORO...
CE N'EST PAS UNE QUESTION DE SEXE ! TU RÉPÉTERAS LE MÊME REFRAIN LE JOUR OÙ JE TE BATTRAI ENFIN ?! COMME S'IL ÉTAIT QUESTION D'AUTRE CHOSE QUE DE TALENT !
J'AI L'AIR DE QUOI, MOI, À M'ENTRAÎNER TOUS LES JOURS DANS LE SEUL ESPOIR DE TE BATTRE ? J'AI L'AIR D'UN IDIOT !
DONNE-MOI TA PAROLE !
PROMETS-MOI QU'UN JOUR L'UN DE NOUS DEUX DEVIENDRA LE MEILLEUR SABREUR DU MONDE !!
!
NOUS SOMMES RIVAUX, KUINA !!
QU'EST-CE QUE TU PEUX ÊTRE BÊTE, ZORO...
SNIF
ET SI NUL.
PROMIS.
TOC

ZORO, IL EST ARRIVÉ UN ACCIDENT À KUINA !
ELLE A CHUTÉ DANS LES ESCALIERS...
ET S'EST TUÉE !!
NON, CE N'EST PAS POSSIBLE ! HIER ENCORE TU ME DONNAIS TA PAROLE !!
TU N'AS PAS LE DROIT !!
ZORO, ARRÊTE !
LES HUMAINS SONT DES CHOSES BIEN FRAGILES...
MAÎTRE, LAISSEZ-MOI PRENDRE SON SABRE !
BIEN SÛR, IL EST À TOI.
JE DEVIENDRAI LE PLUS FORT POUR TOI, KUINA !!
AFIN QUE LE NOM DU PLUS GRAND SABREUR DU MONDE RÉSONNE JUSQU'AU PARADIS !!

JE LUI AI PROMIS...
HORS DE QUESTION QUE JE CRÈVE ICI !!
MARINE
GUM GUM...
BOOO
ROCKET !!
SHKLING
FEU !!
MÖWE
VIOUUU

WAAM
!!
DOM
DOM
DOM
DOM
DOM
IL EST FOU !!
LUFFY !!
CHAPEAU DE PAILLE...
BOING
É, HÉ!

RIEN SENTI !!
ZBOING
WOOOHHH !!
SCHIOUUU
HA, HA, HA, HA, HA !!

MAIS... MAIS QUI ES-TU À LA FIN ?!
POC
POC
JE SUIS CELUI...
QUI DEVIENDRA ROI DES PIRATES !!
HÉ HÉ
REGARDE, J'EN AI TROUVÉ TROIS.
C'EST LEQUEL LE TIEN ?
ILS M'APPAR-TIENNENT TOUS...
JE ME BATS AVEC TROIS SABRES.
ÉCOUTE, TU AS LE CHOIX : AFFRONTER LA MARINE AVEC MOI ET DEVENIR HORS-LA-LOI...
...
OU BIEN MOURIR ATTACHÉ À CE POTEAU ?!
TU ES DIABOLIQUE...
MAIS PLUTÔT QUE DE CREVER COMME UN CHIEN...
JE PRÉFÈRE DEVENIR PIRATE !

LE COLONEL MORGAN

Invention d'un personnage !

Ce n'est qu'après avoir dessiné le fils, Hermep, que j'ai imaginé le père. Je me le figurais d'abord ainsi : il devait avoir un menton d'une forme identique à celui de son fils et une coupe de cheveux plus imposante, car tout de même, il était le père.

Voilà ce que donnait la première ébauche. Il ne s'appelait pas encore "Morgan", mais "Chop", comme dans "Colonel Chop !!" ou "Matelot Chop*". Le jeu de mots était trop facile, alors j'ai renoncé...

N.D.T. : jeu de mots sur *suihei choppu* qui veut dire à la fois "Matelot Chop" et "coup du tranchant de la main" (au catch notamment).

Suite aux arguments convaincants d'un éditeur qui le trouvait "très moche", il a encore subi 2 ou 3 transformations avant de parvenir à son aspect actuel.

CHAPITRE 6

UN PREMIER MATELOT

CE GAMIN N'EST PAS UN HUMAIN... IL A QUELQUE CHOSE DE SPÉCIAL !
IL A CERTAINEMENT DÛ AVALER L'UN DE CES FRUITS DU DÉMON DONT PARLE LA RUMEUR.
LE... LE LÉGENDAIRE TRÉSOR DES MERS ?!
ALORS DANS CE CAS... SES POUVOIRS AUSSI SONT DÉMONIA-QUES...
どよっ
HEEE
COLONEL...
IL EST EN TRAIN DE DÉFAIRE LES LIENS DE ZORO !!
SI LES BALLES N'ONT PAS D'EFFET SUR LUI, DÉCOUPEZ-LE EN MORCEAUX !!
!
オオオオオオ
YAAAAA
À VOS ORDRES !!

ZUT, LE NŒUD EST TROP SERRÉ...
オオオ
AAAH
ALLEZ, PLUS VITE !!
J'ARRIVE PAS À LE DÉFAIRE.
HMM...
ムク
GRCHH
QU'EST-CE QU'IL S'EST PASSÉ... J'AI PERDU CONNAISSANCE...
WOHHH !
GASP !
QUOI ?!
YAAAAA
ATTENDS UN INSTANT.
TU CROIS QUE J'AI LE TEMPS D'ATTENDRE ?!
LUFFY, ZORO, FAITES VITE !!
ÇA Y EST, J'AI DÉFAIT UN BRAS !
ほら
HOP
ESPÈCE D'IDIOT, FILE-MOI MON SABRE !
オオオ
AHHH
TOUS CEUX QUI ME TIENDRONT TÊTE FINIRONT SIX PIEDS SOUS TERRE !!
!!
AHHH

SHKLANG
!!
BAM

RORONOA ZORO...
!!
WAOHH !!
LA CLASSE !!
LE PREMIER QUI BOUGE...
FINIT EN RONDELLES.
HIII...
HMM
IL EST TERRIFIANT !!

JE NE REVIENDRAI PAS SUR LA PROMESSE D'INTÉGRER TON ÉQUIPAGE !
MAIS ÉCOUTE-MOI BIEN ! JE ME SUIS FIXÉ UN OBJECTIF PRÉCIS À ATTEINDRE !!
ET J'AI CONSCIENCE QUE CE COMBAT CONTRE LA MARINE VA ME PROPULSER AUX YEUX DU MONDE COMME CRIMINEL NOTOIRE.
!
JE COMPTE DEVENIR LE MEILLEUR COMBATTANT AU SABRE DU MONDE !!
QUE CE SOIT EN BIEN OU EN MAL...
PEU IMPORTE LA MANIÈRE D'Y PARVENIR !
MON NOM RETENTIRA À TRAVERS LE MONDE ENTIER !!
SI JAMAIS TU TENTAIS DE TE METTRE EN TRAVERS DE MA ROUTE...
SACHE QUE TU LE PAIERAIS TRÈS CHER !!

LE MEILLEUR COMBATTANT AU SABRE DU MONDE, ÇA SONNE VACHEMENT BIEN !!
IL FAUT AU MOINS ÇA...
POUR FAIRE PARTIE DE L'ÉQUIPAGE DU ROI DES PIRATES !!
HÉ !
N'EST-CE PAS ?
QU'EST-CE QUE VOUS FOUTEZ !!
ARGH
GWOOO
DÉPÊCHEZ-VOUS D'EN FINIR !!
ZORO, BAISSE-TOI !
!
!!
GUM GUM...
SHAF

FOUET !!

MARINE
SHWAK
!!

?!
D'OÙ EST-CE QUE TU SORS ?!
GÉNIAL !
OUAIIIS !!
JE SUIS...
UN HOMME ÉLASTIQUE !!

UN... UN HOMME ÉLASTIQUE ?!
COLONEL, ILS SONT BEAUCOUP TROP FORTS POUR NOUS...
...
ILS SONT SURHUMAINS !!
PERSONNE ICI NE PEUT BATTRE ZORO...
DAM

QUE TOUTES LES PETITES NATURES QUI VIENNENT DE L'OUVRIR...
SE TIRENT UNE BALLE DANS LA TÊTE.
C'EST UN ORDRE !
!!
JE N'AI PAS BESOIN...
DE CHIFFES MOLLES SOUS MES ORDRES !!
VOUS AVEZ ENTENDU ?!
GASP
TAC
...
!!

ILS SONT TARÉS CES MILITAIRES !
TSAF
TAP
TAP
TAP
TAP
!
C'EST MOI L'ENNEMI DE LA MARINE !
ESSAIE DONC DE ME TUER !!
BROM
!!

...
LUFFY !!
RÉDUISEZ-MOI CETTE ARMÉE EN BOUILLIE !!
DE QUEL DROIT DES MOINS QUE RIEN SANS GRADE NI TITRE...
TSCHAF
CROIENT-ILS POUVOIR SE REBELLER ?!
JE SUIS MORGAN À LA MAIN DE FER, COLONEL DE LA MARINE !!
GRR
MOI C'EST LUFFY.
ENCHANTÉ.
WAAM

CRÈVE !
ZWAM
!
ZIIM
!!
CETTE LAME...
ELLE COUPE TOUT SUR SON PASSAGE !!

BIM
ARGH !!
...
LE... LE
COLONEL

ARGH
SALE GOSSE !
TU VAS PAYER !!
!
BROOOM
!!
UIII...

CE N'EST PAS ENCORE MON HEURE.
?!
!!
IL... IL EST TROP FORT !!
LE COLONEL MORGAN...
IL N'A MÊME PAS EU LE TEMPS DE RIPOSTER !!

ELLE EST BELLE TA MARINE.
グイッ…
GRAB
VOUS AVEZ RUINÉ LES RÊVES DE KOBBY...
!!
...
ATTENDS !
BAKAM
JE T'AI DIT D'ATTENDRE, T'ES SOURD OU QUOI ?!

SI TU VEUX SAUVER TON AMI, TIENS-TOI TRANQUILLE !!
OHHH
AU MOINDRE GESTE, JE TIRE !!
HERMEP...
LUFFY !!
MOURIR NE ME FAIT PAS PEUR !!
NE VOUS EN FAITES PAS POUR MOI !
OUI, JE SAIS.

TU FERAIS MIEUX DE LAISSER TOMBER, KOBBY NE PLAISANTE PAS !
NE BOUGE PAS OU JE TIRE ! PAS UN GESTE !!
JE VAIS TIRER !!
LUFFY, DERRIÈRE !!
JE SUIS COLONEL DE LA MARINE !!
GWOOO
GUM GUM...
ガチ…
CRR
BULLET !!
PAPA, DÉPÊCHE-TOI DE...
?!

BONG
BIM !!
MÖWE
BIEN JOUÉ...

ZORO.
ZDOOM
À VOTRE SERVICE...
HI HI HI
CAPITAINE.

CHAPITRE 7

DES AMIS

LE COLONEL MORGAN A PERDU !!
IL EST À TERRE !
SCHHH
MÖWE
MARINE
CLING...
QUE CEUX QUI VEULENT ENCORE ESSAYER DE NOUS CAPTURER SE FASSENT CONNAÎTRE !
...

OUAIIIS !!
ON EST ENFIN LIBRES !
C'EST LA FIN DU RÈGNE DU COLONEL !!
VIVE LA MARINE !!
HOURRRAAA
C'EST BIZARRE...
ILS SONT HEUREUX DE VOIR LEUR CHEF À TERRE.
TOUS...
ILS AVAIENT TOUS PEUR DE LUI !
ZOOM
ZORO ?!
ZORO !!

WAA
わい
WAA
わい
BEA
がや
BEA
がや
AH, QUEL RÉGAL !!
AHHH
ふーっ
NEUF JOURS SANS RIEN MANGER, JE N'EN POUVAIS PLUS !
BEA
がや
À CE RYTHME-LÀ T'AURAIS JAMAIS PU TENIR UN MOIS !
CRONCH
ガツ
モグ
MIAM
バク
ET TOI, DIS-MOI POURQUOI T'AS PLUS D'APPÉTIT QUE MOI ?
EXCUSEZ-NOUS MADAME, C'EST TELLEMENT BON...
C'EST TOUT À FAIT NORMAL, VOUS AVEZ SAUVÉ NOTRE VILLE !
TU AS ÉTÉ FORMIDABLE !
TOUT À FAIT D'ACCORD.
HÉ HÉ
ET CE N'EST QUE LE DÉBUT !!
BIEN...
QU'EST-CE QU'ON FAIT MAINTENANT ?!

NOUS ALLONS PARTIR POUR GRAND LINE !
?!
COMMENT ?!
C'EST DE LA PURE FOLIE !!
VOULOIR ENTRER SUR GRAND LINE ALORS QUE VOUS N'ÊTES ENCORE QUE DEUX, C'EST SE PRÉCIPITER VERS UNE MORT CERTAINE !!
VOUS SAVEZ DE QUEL GENRE D'ENDROIT IL S'AGIT ?! C'EST LA RÉGION OÙ SE MASSENT LES PIRATES LES PLUS DANGEREUX DU MONDE !!
QUOI QU'IL EN SOIT, SI NOUS COMPTONS METTRE LA MAIN SUR LE ONE PIECE...
NOUS N'AVONS PAS D'AUTRE CHOIX QUE DE SUIVRE CETTE ROUTE.
VOUS VOUS Y METTEZ AUSSI, ZORO ?!
QU'EST-CE QUE ÇA PEUT TE FAIRE, TU N'ES PAS DU VOYAGE...

JE NE SERAI PAS DU VOYAGE MAIS JE ME FAIS QUAND MÊME DU SOUCI POUR VOUS !!
ばんっ! ばんっ!!
TAM TAM
JE M'INQUIÈTE, C'EST TOUT !!
C'EST NORMAL, NON ?!
OUI, JE COMPRENDS...
LUFFY, CELA FAIT PEU DE TEMPS QUE NOUS NOUS CONNAISSONS...
MAIS JE VOUS CONSIDÈRE COMME UN AMI !!
!
MOI AUSSI KOBBY.
NOS ROUTES SE SÉPARENT ICI MAIS NOUS RESTERONS TOUJOURS AMIS !
DEPUIS QUE JE SUIS PETIT, JE N'AI JAMAIS EU DE VÉRITABLES AMIS...
ENCORE MOINS DE CEUX PRÊTS À SE BATTRE POUR MOI.
MAIS SURTOUT, JE N'AI JAMAIS FAIT L'EFFORT DE ME BATTRE MOI AUSSI !!

CEPENDANT, TOUS LES DEUX VOUS M'AVEZ APPRIS...
CE QUE SIGNIFIAIT "ALLER AU BOUT DE SES CONVICTIONS" !!
OUI, C'EST CE QUI NOUS POUSSE À ALLER VERS GRAND LINE.
ABSOLUMENT.
AH, JE VOIS.
MAIS NON, QU'EST-CE QUE JE RACONTE ! JE PENSE QUE C'EST BEAUCOUP TROP DANGEREUX DE VOUS Y RENDRE...
MOI JE ME FAIS PLUTÔT DU SOUCI POUR TOI, KOBBY.
HM ?
TOC
JE TE RAPPELLE QUE TU AS ÉTÉ EMPLOYÉ DEUX ANS COMME HOMME À TOUT FAIRE SUR LE BATEAU D'ALVIDA.
SI JAMAIS LA MARINE VENAIT À L'APPRENDRE...
ÇA RISQUERAIT DE COMPROMETTRE TON AVENIR EN TANT QUE MATELOT.

BONJOUR MESSIEURS.
ガチャ…!!
CLAC
!
CERTAINS BRUITS CIRCULENT COMME QUOI VOUS SERIEZ DES PIRATES...
EST-CE EXACT ?!
OUI, JE VIENS JUSTE DE RECRUTER LE PREMIER MEMBRE DE MON ÉQUIPAGE.
VOUS POUVEZ DONC NOUS CONSIDÉRER COMME DES PIRATES !
JE RECONNAIS QU'EN DÉBARRASSANT LA VILLE, AINSI QUE NOTRE BASE, DU COLONEL MORGAN...
VOUS NOUS AVEZ RENDU UN GRAND SERVICE, JE VOUS EN SUIS RECONNAISSANT.
À NOS YEUX VOUS RESTEZ NÉANMOINS DES PIRATES ET EN TANT QU'OFFICIER DE LA MARINE...
JE NE PEUX TOLÉRER PLUS LONGTEMPS VOTRE PRÉSENCE ICI.

JE VOUS DEMANDE DE QUITTER LA VILLE DANS LES PLUS BREFS DÉLAIS.
TOUTEFOIS, EN SIGNE DE REMERCIEMENTS JE DÉROGERAI À LA RÈGLE ET NE FERAI PAS PARVENIR DE RAPPORT VOUS CONCERNANT À NOTRE QUARTIER GÉNÉRAL.
COMMENT OSEZ-VOUS AGIR DE LA SORTE ?!
VOUS N'AVEZ PAS BOUGÉ LE PETIT DOIGT FACE AU COLONEL MORGAN !!
HOO ! NON !
CE SONT EUX NOS SAUVEURS !!
BIEN, ALLONS-Y.
MERCI POUR LE REPAS, CE FUT UN RÉGAL.
...
LUFFY...
VOUS PARTEZ DÉJÀ ?
SHFF !
!
...

TU NE PARS PAS AVEC EUX ?
HEIN ?
NON, JE...
JE...
"NOS ROUTES SE SÉPARENT ICI MAIS NOUS RESTERONS TOUJOURS AMIS !"
JE NE FAIS PAS...
PARTIE DE LEUR BANDE !!
...
UN INSTANT !

IL DIT VRAI ?
...
MOI JE SAIS CE QU'IL FAISAIT...
RÉCEMMENT ENCORE.
!
LUFFY...
NON, S'IL TE PLAÎT...
IL Y AVAIT CETTE ÉNORME BONNE FEMME...
LA PIRATE ALVIDA, JE CROIS QUE C'EST COMME ÇA QU'ELLE S'APPELAIT.
SUR UNE ÎLE, JE NE SAIS PLUS TROP OÙ...
NON...
"SI JAMAIS LA MARINE VENAIT À L'APPRENDRE, ÇA RISQUERAIT DE COMPROMETTRE TON AVENIR EN TANT QUE MATELOT !!"
ARRÊTEZ S'IL VOUS PLAÎT. LUFFY...

...
ET PENDANT DEUX LONGUES ANNÉES...
IL A TRA...
ARRÊTEZ ! JE VOUS EN PRIE, N'EN DITES PAS PLUS !!
STOOOP !!
BIM !!
!!

!!
MARINE
MARINE
...
HAN ハア
HAN ハア
...
BIM
IL M'A FRAPPÉ LE BOUGRE !
!!

CE N'EST PAS BIENTÔT FINI, BON SANG !!
JE NE TOLÈRE AUCUNE FORME DE VIOLENCE DANS CETTE VILLE !!
TIENS.
BAM
BIM
PRENDS ÇA !
!
VLAF
C'EST BON LUFFY, N'EN FAIS PAS TROP.
TCHIC
IL A CE QU'IL MÉRITE.
J'AI PU CONSTATER QU'IL NE FAISAIT PAS PARTIE DE VOTRE BANDE !!
MARINE
MAINTENANT VOUS ALLEZ QUITTER CETTE VILLE SUR-LE-CHAMP !!

IL L'A FAIT EXPRÈS ! IL A FAIT ÇA POUR MOI...
OUI, IL M'A PROVOQUÉ POUR M'INCITER À LE FRAPPER !!
...
C'EST LUI QUI JUSQU'AU BOUT...
ざわ BLA
ESSAYEZ DE NOUS ATTRAPER SI VOUS EN AVEZ LE COURAGE.
EUH...
ざわ BLA
M'AURA SAUVÉ LA MISE !!
JE SUIS TOUJOURS AUSSI NUL, RIEN N'A CHANGÉ !
ET JE RESTERAI LE DERNIER DES IDIOTS...
スタッ TCHAC
SI JE NE PROFITE PAS DE CETTE OCCASION !!

JE VOUDRAIS M'ENGAGER DANS LA MARINE !!
JE ME FERAI UNE JOIE D'EFFECTUER TOUS LES TRAVAUX NÉCESSAIRES AFIN DE DEVENIR MATELOT !!
C'EST BON ! JE L'AI FAIT !
CAPITAINE, JE M'OPPOSE À CE QUE NOUS L'INTÉGRIONS DANS NOS TROUPES !
IL EST ENCORE TROP TÔT POUR POUVOIR LUI FAIRE CONFIANCE.
!
IL POURRAIT S'AGIR D'UN ESPION À LA SOLDE DES PIRATES.
NOUS DEVONS D'ABORD EFFECTUER DE PLUS AMPLES RECHERCHES...
...

BAM
QUOI QU'IL ARRIVE...
JE DEVIENDRAI OFFICIER DE LA MARINE !!
...
NOMBRE DE NOS CAMARADES ONT PERDU LA VIE EN COMBATTANT DES PIRATES.
NE PRENDS PAS LA MARINE À LA LÉGÈRE.
コツ…
TAP
コツ
TAP
TU ES ENGAGÉ.
À VOS ORDRES !!
MERCI CAPITAINE !

JE COMPTE SUR KOBBY POUR SE TIRER SEUL D'AFFAIRE !
JE NE SERAIS PAS ÉTONNÉ QU'ILS DÉCOUVRENT LE POT AUX ROSES.
QUEL JEU D'ACTEUR.
PERSONNE NE VEUT DE NOUS EN VILLE, C'EST LE MOMENT IDÉAL POUR LEVER L'ANCRE.
DE VRAIS PIRATES QUITTANT LE PORT SANS REGRET.
HA, HA, HA, C'EST EXACTEMENT ÇA !
LU...
LU...
LUFFY !!
MARINE
KOBBY.

MERCI DU FOND DU CŒUR !!
TSAP
JE N'OUBLIERAI JAMAIS CE QUE VOUS AVEZ FAIT POUR MOI !!
UN MATELOT QUI REMERCIE DES PIRATES, ON AURA TOUT VU.
HÉ, HÉ !
À LA REVOYURE, KOBBY !
GARDE-À-VOUS !!
TCHAC
HEIN ?

WAAM
!
TU AS DE FORMIDABLES AMIS.
OUI.
SE METTRE AU GARDE-À-VOUS DEVANT DES PIRATES REPRÉSENTE UNE GRAVE ENTORSE AU RÈGLEMENT MILITAIRE DE LA MARINE.
TCHAC
POUR LA PEINE VOUS SEREZ TOUS PRIVÉS DE REPAS PENDANT UNE SEMAINE !!
OUI, CAPITAINE !!
C'EST PARTI !!
CAP SUR GRAND LINE !!
Avec à son bord "Zoro le chasseur de pirates", premier membre de son équipage, le bateau voguait vers de nouveaux horizons.
Ses deux passagers allaient cependant s'apercevoir bien assez tôt d'une grave erreur.

L'ÈRE DES PIRATES

Cette grande époque où de nombreux pirates hissèrent leur étendard et s'affrontèrent avec acharnement afin de mettre la main sur le One Piece, trésor ultime légué par Gold Roger, le seul homme à avoir été un jour "roi des pirates".

CHAPITRE 8

NAMI

AHH, J'AI UNE FAIM DE LOUP.
...
VOULOIR DEVENIR PIRATE SANS RIEN CONNAÎTRE DE LA NAVIGATION, TU NE TROUVES PAS ÇA BIZARRE ?
CE N'EST PAS BIZARRE DU TOUT, PUISQUE DE TOUTE FAÇON JE ME LAISSE PORTER PAR LE COURANT !
CE SERAIT PLUTÔT À TOI DE SAVOIR, EN TANT QUE CHASSEUR DE PRIMES PARCOURANT LES OCÉANS.
JE NE ME SOUVIENS PAS M'ÊTRE PRÉSENTÉ COMME CHASSEUR DE PRIMES.
MOI J'AI PRIS LA MER UN BEAU JOUR, À LA RECHERCHE D'UN HOMME...
ET PAR LA SUITE JE N'AI PLUS RETROUVÉ LE CHEMIN DE MON VILLAGE.

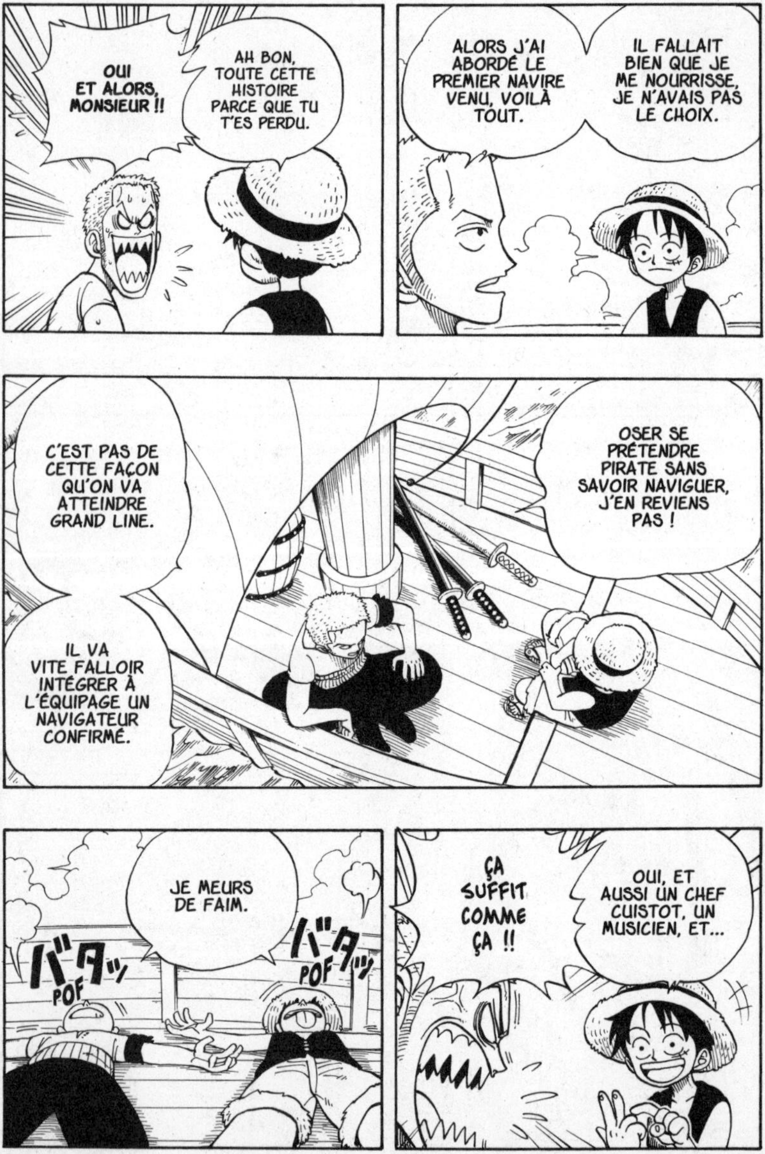

IL FALLAIT BIEN QUE JE ME NOURRISSE, JE N'AVAIS PAS LE CHOIX.
ALORS J'AI ABORDÉ LE PREMIER NAVIRE VENU, VOILÀ TOUT.
AH BON, TOUTE CETTE HISTOIRE PARCE QUE TU T'ES PERDU.
OUI ET ALORS, MONSIEUR !!
OSER SE PRÉTENDRE PIRATE SANS SAVOIR NAVIGUER, J'EN REVIENS PAS !
C'EST PAS DE CETTE FAÇON QU'ON VA ATTEINDRE GRAND LINE.
IL VA VITE FALLOIR INTÉGRER À L'ÉQUIPAGE UN NAVIGATEUR CONFIRMÉ.
OUI, ET AUSSI UN CHEF CUISTOT, UN MUSICIEN, ET...
ÇA SUFFIT COMME ÇA !!
JE MEURS DE FAIM.
バタッ
POF
バタッ
POF

OH.
UN OISEAU.
バサッ
FLAP
IL EST BALÈZE...
バサッ
FLAP
バサッ
FLAP
SI ON LE MANGEAIT !!
TU VEUX T'Y PRENDRE COMMENT ?
OUAIS !
JE M'EN OCCUPE, ATTENDS ICI !
GUM GUM...
びよーーーん
BOING
GRAB
バサッ
FLAP
バサッ
FLAP
ROCKET !!
VLOP
!

GLOP
AH !
HEIN ?
JE VOIS...
あぁあぁあ AAHHH
ギーコ RIIIK
LUFFY !!
QU'EST-CE QU'IL FABRIQUE LÀ-HAUT ?!
ギーコ RIIIK
ギーコ RIIIK
AU SECOURS !!
バサッ FLAP
あぁあぁあぁ AAHHH
バサッ FLAP
AAHHH !!
QUEL IMBÉCILE !!

ギーコ RIIK
QUOI ?!
ギーコ RIIK
あああああ AAHHH
À L'AIDE ! STOPPEZ VOTRE BATEAU !!
AU SECOURS !!
DES NAUFRAGÉS DANS UN MOMENT PAREIL, LA VEINE !
CO...
ザザザ CHHH
COM-MENT ?!
JE NE M'ARRÊTE PAS, GRIMPEZ EN ROUTE !
WOHH !
ザザー SHHOOO
WAAHHH !!
TCHAC

QUELLE BRUTE...
HAN... HAN...
T'AS VOULU NOUS TUER OU QUOI ?!
BIEN JOUÉ LES GARS !
RIIK
RIIK
ZOUIP
NOUS SOMMES DES MEMBRES DE L'ÉQUIPAGE DE BAGGY LE CLOWN.
HÉ, TOI !
TU VAS IMMOBILISER CE BATEAU TOUT DE SUITE.
AH ?!

HA, HA, HA, HA !!
ギーコッ! RIIK
ギーコッ!! RIIK
OH HISSE
OH HISSE
SI ON S'ÉTAIT DOUTÉS QUE VOUS ÉTIEZ ZORO LE CHASSEUR DE PIRATES, ON NE VOUS AURAIT JAMAIS ADRESSÉ LA PAROLE DE CETTE MANIÈRE.
GRÂCE À VOUS, J'AI PERDU DE VUE MON AMI.
ギーコ! RIIK
ギーコ! RIIK
QUOI QU'IL EN SOIT CONTINUEZ DE RAMER, IL SE DÉBROUILLERA POUR DESCENDRE LORSQU'IL VERRA LA TERRE FERME.
À CE PROPOS, QU'EST-CE QUE VOUS FAISIEZ AU BEAU MILIEU DE L'OCÉAN ?
TRÈS BONNE QUESTION !
C'EST À CAUSE DE CETTE FILLE !
TOUT EST DE SA FAUTE !
EN PLUS DE ÇA, ELLE EST PLUTÔT MIMI !!

C'EST ARRIVÉ ALORS QUE NOUS VENIONS D'ATTAQUER UN NAVIRE DE COMMERCE.
!
HÉ, HÉ, HÉ, HÉ !!
ÇA C'EST UNE BELLE PRISE LES GARS !
AUTANT D'OR POUR UN SI PETIT NAVIRE, QUI L'AURAIT CRU !
LE CAPITAINE BAGGY NOUS DONNERA SÛREMENT UNE RÉCOMPENSE !
HM ?
REGARDEZ LÀ-BAS.
UN BATEAU AVEC QUELQU'UN À BORD.

OH, UNE FILLE !
HÉ TOI, HÉ, HÉ, QU'EST-CE QUI T'ARRIVE ? T'ES MORTE ?
SUI... SUIS-JE EN TRAIN DE RÊVER ?
TOMBER SUR DES MARINS... EN PLEINE MER...
JE NE SAIS QUI VOUS ÊTES... MAIS...
POURRIEZ-VOUS ME DONNER UN VERRE D'EAU, S'IL VOUS PLAÎT.
ET SI POSSIBLE... UN PEU DE PAIN, NE SERAIT-CE QUE QUELQUES MIETTES...
J'AI FAIT NAUFRAGE...
SI VOUS VOULEZ JE VOUS DONNERAI TOUT MON OR...
MAIS JE VOUS EN PRIE, AIDEZ-MOI.
BIEN SÛR QU'ON VA T'AIDER.
HÉ HÉ
MAIS AVANT CELA ON AIMERAIT JETER UN COUP D'ŒIL À TON COFFRE, TU PERMETS ?

ALLEZ-Y, SERVEZ-VOUS.
MAIS... DONNEZ-MOI DE L'EAU !
OUI, OUI, ATTENDS UN INSTANT QUE NOUS VÉRIFIONS LE TRÉSOR !
ぐっしっし
HI HI
ぴょん!
ZBING
ENSUITE NOUS TE VIENDRONS EN AIDE !
SI LE BATEAU VOUS PLAÎT...
HÉ HÉ
JE VOUS LE DONNE AUSSI !
QUOI ?!
NOTRE BATEAU AVEC LE TRÉSOR ! LA PESTE !
EH ! CE COFFRE EST VIDE !!

CIEL CHARGÉ, NUAGES DE BASSE ALTITUDE DIRECTION SUD.
どぉぉ…. BROOO
CE FRONT FROID TOMBE À PIC !
UN ORAGE VIOLENT NE DEVRAIT PLUS TARDER À ÉCLATER…
?!
ACCOMPAGNÉ DE RAFALES DE PLUIES.
NOUS ATTIRONS L'ATTENTION DES CAPITAINES D'EMBARCATION DE TAILLE RÉDUITE SUR LES RISQUES DE CHAVIREMENT !
!!
ドオオオ BROUM
AAAHHHH !!
BINGO !
MERCI POUR LE TRÉSOR !
バサッ… VLAF !
TU AVAIS TOUT PRÉVU SALE PETITE PESTE !!
ザァァァ SCHHH
ON TE REVAUDRA ÇA !!

VOILÀ, VOUS SAVEZ TOUT CE QUI S'EST PASSÉ !
C'EST HORRIBLE, NON ?!
VOUS DITES QU'ELLE A SU PRÉVOIR LA FAÇON DONT ALLAIT ÉVOLUER LA MÉTÉO ? ÉTONNANT...
ELLE FERAIT UNE EXCELLENTE NAVIGATRICE.
ON VA LA RETROUVER ET LUI FAIRE SA FÊTE !
IL FAUT D'ABORD QU'ON RÉCUPÈRE LE TRÉSOR.
OUI ! SI ON RENTRE LES MAINS VIDES, LE CAPITAINE BAGGY VA NOUS...
C'EST QUI CE BAGGY ?
TU NE CONNAIS PAS "BAGGY LE CLOWN", LE CAPITAINE DE NOTRE NAVIRE ?
IL N'EST PLUS LE MÊME DEPUIS QU'IL A MANGÉ L'UN DES FRUITS DU DÉMON !!
UN FRUIT DU DÉMON...

ドーン
TAAM
がらーーん
WOOO

SALE VOLEUSE, TU NE PERDS RIEN POUR ATTENDRE !!
RENDS-NOUS CETTE CARTE !
TAP TAP TAP TAP TAP TAP
HFF
HFF
TAP TAP TAP TAP
J'AI ENFIN MIS LA MAIN DESSUS !
TCHIC
LA CARTE DE GRAND LINE !!
LA POISSE ! SI ON NE LA RÉCUPÈRE PAS RAPIDEMENT, C'EST NOUS QUI RISQUONS D'Y PASSER !!
JE N'AI PAS ENVIE DE MOURIR SOUS LES OBUS DU CAPITAINE !
TAC
TAC
TAC
CAPITAINE BAGGY, OBJET NON IDENTIFIÉ AU-DESSUS DU PORT !
DESCENDEZ-LE !
À VOS ORDRES !
AAAH
HH

BAOOUM
WOHH !!
!!
VIUUUUUUUU
?!
UUU
BADOM
WAAAAHHH
OUCH !
UN... UN HOMME...
IL EST TOMBÉ DU CIEL !!
QU'EST-CE...
QUI EST-CE QUI BALANCE DES OBUS ?!
PCHH
NOM D'UN CHIEN...

BAKAM
WOUAHH, IL EST VIVANT !!
OUF !
JE L'AI ÉCHAPPÉ BELLE !
?!
!
...
AH, CHEF !!
VOUS ÊTES VENU À MA RESCOUSSE ?!
JE VOUS LES CONFIE !
LA FILLE ! ELLE S'ENFUIT !
INUTILE DE LA SUIVRE...
PAF
SON CHEF NOUS FAIT L'HONNEUR DE RESTER EN NOTRE COMPAGNIE.
VOOOM
Hanswurst
C'EST SYMPA D'ESSAYER DE COUVRIR TON ACOLYTE, ÇA NOUS ÉVITE DE LUI COURIR APRÈS.
?

N'EST-CE PAS ? CHEF !!
!
SHLAK
AVEC TOUT LE RESPECT QUE JE VOUS DOIS, JE VOUS SIGNALE QUE CETTE CARTE APPARTIENT À NOTRE CAPITAINE, BAGGY LE CLOWN !!
AH ?!
BIM
!!
QUE...
SCHLAF
BAS LES PATTES...
DE MON TRÉSOR !
FLAF

ENF...
YAAA!
ENFOIRÉÉÉ !!
JE SUIS IMPRESSIONNÉE !
TU ES VRAIMENT TRÈS FORT.
SE DÉBARRASSER DE TROIS HOMMES ARMÉS, À MAINS NUES !
T'ES QUI TOI ?
JE SUIS UNE VOLEUSE D PIRATES !!
JE M'APPELLE NAMI, ÇA TE DIT DE FAIRE ÉQUIPE AVEC MOI ?
UNE VOLEUSE DE PIRATES ?

À suivre.

CW01621765

ONE PIECE

First published in Japan in 1997 by SHUEISHA Inc., Tokyo.
French translation rights in France and French-speaking Belgium, Luxembourg, Monaco, Switzerland and Canada arranged by SHUEISHA Inc. through VIZ Media Europe, Sarl, France.

Édition française
Traduction : Djamel Rabahi
Correction : Thomas Lameth
Lettrage : Bakayaro!

Couvent Sainte-Cécile – 37, rue Servan – 38000 Grenoble
ISBN : 978-2-7234-8852-5
ISSN : 1253-1928
Dépôt légal : juin 2013

Achevé d'imprimer en Italie en octobre 2021 par Elcograf S.P.A., sur papier provenant de forêts gérées de manière durable

www.glenat.com